RESPUESTAS

diálogos con un Maestro tibetano

Compilados por Marcelo Pitluk

Buenos Aires 2018

Pitluk, Marcelo Edgardo
Respuestas : diálogos con un maestro tibetano / Marcelo Edgardo Pitluk. - 1a ed. -
Ciudad Autónoma de Buenos Aires : Marcelo Edgardo Pitluk, 2018.
130 p. ; 22 x 15 cm.

ISBN 978-987- 42-6747- 4

1. Budismo Tibetano. 2. Espiritualidad Oriental. 3. Desarrollo Personal. I. Título.
CDD 294.3923

Ilustración y diseño de tapa: Victoria Benedetto

Diagramación: Mincha Miró

A Juani

gracias por tu amistad

Agradezco a Gerardo Abboud haberme abierto las puertas del Dharma, haber conocido otros maestros de budismo tibetano y su apoyo para publicar este libro.

Conocí al Maestro a fin de 2003 en una conferencia sobre budismo tibetano y nuestras conversaciones comenzaron en el verano de 2004.

A mitad de año mi amiga Juana Loizaga me recomendó que anotara los diálogos y empecé a hacerlo el día que cumplí años. Fue un momento especial en el que esperé que me diera un consejo fundamental para mi vida, algo que iba a cambiar todo. Emocionado, hice mi gran pregunta y obtuve una respuesta inesperada:

- Maestro, hoy es el día de mi cumpleaños. ¿Qué podés decirme en relación a este tema?
- Feliz cumpleaños.

Hace poco clasifiqué por temas los diálogos de 12 años y recorté las partes muy personales.

El Maestro dijo que no mencionara su nombre. No sé por qué, no le pregunté.

También dijo que este libro le servirá a algunas personas para aprender y a otras para entretenerse.

Espero que así sea.

Buenos Aires, junio 2016.

Glosario

Amor incondicional
Amor que surge de nuestra Esencia, que puede dirigirse a todos por igual.

Dharma
Enseñanzas de Buda y el camino budista.

Ego
Es la idea que uno tiene de sí mismo, que se modifica a lo largo de la vida sin percibir nuestra verdadera Esencia o Ser esencial.

Iluminación
Terminar con el ciclo de renacimientos, luego de reconocer nuestra Esencia.

Impermanencia
Transitorio, sujeto al cambio.

Presencia / estar presente
Estar aquí y ahora. Consciente de este lugar y este momento.

Rigpa
La verdadera naturaleza de la mente.

Samsara
Ciclo de renacimientos en este plano de existencia.

Vacuidad
La base desde la que surgen todos los fenómenos.

Frases
tomadas de los diálogos con el Maestro

- Buenas preguntas traerán buenas respuestas.

- Tu ego se revela a medida que develás sus secretos.

- La mente es como un zorro que va al gallinero atraído por su deseo.

- Un paso después del otro, en el orden correcto.

- La vida es simple.
Vivila simplemente, nada más (simple-mente).

- Siempre hay algo, más allá de cada piedra que encuentres.
Ninguna es la última, aunque cambian de tamaño.

- El presente está libre del pasado.

- Las cosas son como son, y no como vos te las cuentes.

- No se busca queriendo tener algo. El buscador sigue el camino y acepta lo que encuentra. No hay "algo" que buscar.

- Tensarte y hacer más esfuerzo del necesario para lograr algo, te separa de la meta.

- Aquí, allá, en el mar o la montaña, el lugar no garantiza la felicidad verdadera.

- El ego es una ilusión necesaria para vivir en el samsara. Un traje que uno se pone para hacer ciertas cosas y pasar por este mundo. Usalo cuando hace falta y dejalo cuando ya no sirva.

- La impermanencia a veces duele.

- El camino es la vida. La vida es el camino.

- Nunca pasa nada de eso que uno espera. Pasan otras cosas.

- El lugar es éste, siempre éste es el lugar donde debemos estar.

- Te sirve más no hacer algo que hacerlo con exigencia y sin ganas.

- Mi opinión no importa. ¿A quién debería importarle la opinión de otro?

- Al ego hay que conocerlo, comprenderlo, perdonarlo y aceptarlo.

- Lo que es malo para unos puede ser bueno para otros.

- Nada es eterno, todo se transforma y vuelve a surgir.

- Dejá ir lo viejo. Lo que se estanca se pudre y hace mal.

- No busque más de lo que hay.

- La mente que te da paz es la mente que te da fuego y quema en tu interior.

- La paz es algo que no viene de afuera. Es interior, poder estar bien con vos mismo.

- Estar ansioso por resolver la ansiedad, sólo la hace más fuerte y duradera.

- No verás lo que no quieras ver.

- Hay que desear ver la verdad, para que los velos se corran solos.
Desear sin miedo a la verdad y la verdad aparece, se revela.

- La simpleza es el camino.

- ¡Qué pena que los humanos sientan dolor! ¿No es así?
Pero a veces es el motor para trascender. Entonces vale la pena.

- Valorate por lo que sos, por el valor de tu Esencia, no por lo que hacés.

- No precisás ideas, verdades u objetivos a los que apegarte para "darle un sentido a la vida".
La vida ya tiene sentido, no hace falta que se lo estés buscando.

- Sólo conoce aquél que quiere saber, se lanza al camino y emprende la aventura.

- El ego es muy travieso y se ocupa muy bien de mantenerte ocupado, ocupándote de él.

- El verdadero aprendizaje es conocer al ego y hacerle su espacio, sin pretender destruirlo. Y ese respeto sólo puede tenerlo quien aprende realmente la esencia del camino.

- “Para siempre” es un deseo muy grande y una expresión muy fuerte, porque “siempre” no existe.

- El malestar viene y va, igual que la alegría.

- No busques una solución cuando no hay un problema.

- Dejá que la vida te sorprenda.

- Estar presente en todo momento, sin expectativas.

- La vejez no da derecho a tirar la toalla y dejar de ser feliz.

- Si no aceptamos nuestros límites todo sigue siendo igual pero, además, sufrimos.

- Callar y oír el silencio.
No es necesario completar el vacío.

Actividades cotidianas

25 de julio de 2012

– *Maestro, no quiero hacer cosas por compromiso u obligación.*
– En la vida no hay obligación de nada. Nada es nada, la nada. Porque nada debe ser de una forma y no ser de otra. Todo es igual, todo está bien, sí o sí.
No hay motivos para que temas nada ni esquives lugares, personas o actividades. Sos libre pero no te sentís libre. Sos libre de hacer e ir a donde quieras, con quien quieras.
Ya sabés que no hay nada que hacer. Sólo seguir la vida, tu camino, que está bien.
Relajate, disfrutá y viví la vida que así vas bien.

25 de abril de 2013

– *A veces las personas nos aburrimos.*
– La vida no es un parque de diversiones, no fue creada para entretener a la gente. La diversión y el entretenimiento son el

señuelo del samsara en el que, cuando caemos, quedamos atrapados por muchos eones. Alguien que conozco te diría que “está bien que te aburras de las estupideces del samsara, que no te distraigas y estés atento a tu Ser”.
Eso no significa que la vida es fea, deprimente, que no hay nada que hacer.

– *¿Y cuál es el sentido de la vida?*

– Aprender, ayudar. Conocer cómo salir del samsara y ayudar a otros a lograrlo.

– *¿Esta vida es un lugar, un momento sólo de paso?*

– Sí. Paso y evolución.
No es poco.
Trascender este cuerpo/mente es maravilloso.
Encontrar la fuente, volver a ella, terminar con la confusión del samsara.

– *A veces me resulta raro ver la vida y vivirla desde esa perspectiva. No hay mucha gente con la cual compartir estas vivencias.*

– Tenés muchos amigos y compañeros con los cuales compartir estas vivencias.

– *¿Tendría que hacer actividades para entretenerme?*

– No. NO HAY NADA QUE HACER. Estar abierto a la vida, en paz y fluir. Dejarte llevar. Esto no significa diluirte. Al dejarte llevar participás de la vida desde tu Ser y disfrutás, vivís bien.

– *¿Tendría que juntarme con gente que sigue un camino espiritual?*

– Como quieras. Quedate tranquilo, sin expectativas; no esperes algo en particular de la vida. Eso aburre o agota cuando te estresás haciendo cosas para lograr algo.
Soltar es la clave.
Eso no significa volverte una piedra. Es soltar el apego al ego y al samsara y participar de la vida desde el rigpa. Entonces NO HAY ALGO QUE HACER.
Podés hacer lo que quieras, sosteniendo la presencia, y ser feliz y estar bien. Como surja, cuando surja, con quien surja,

porque todo eso es la escenografía del samsara pero no es fundamental.
O sea: estar presente en todo momento, sin expectativas.
Así se vive bien.
Así recorrés el camino trascendente de transformación y regreso al Ser original. Eso es la iluminación.
Siempre estoy con vos, en vos, porque soy lo mismo que vos: el reflejo de tu Esencia.

Budismo
Camino espiritual

21 de octubre de 2005

- *Maestro, quiero saber cómo unir la vida espiritual y el samsara.*
- Hay que dividir.
Desarrollar lo espiritual, desarrollar lo material y después se van uniendo.

5 de diciembre de 2005

- *Te pregunto sobre las nuevas puertas que estoy abriendo en mi práctica espiritual.*
- No estás abriendo puertas porque no hay puertas para abrir. Estás ingresando a lugares sin puertas. Siempre están abiertos. Sólo hay que saber verlos.

30 de septiembre de 2007

– *Maestro, te pido consejos para el momento presente.*
– Seguir el camino.
Vas a encontrar muchas explicaciones al sentido de la vida.
Cuidate del nihilismo[1].
Reconocer tu Esencia es el próximo paso para poder entender.

10 de diciembre de 2007

- *¿Alguna recomendación sobre las prácticas budistas?*
- Así. De a poco. Estás cerca de comprender el samsara, la vida, la libertad.
– *¿Algo más?*
– Sí.
Sé feliz.

18 de diciembre de 2007

– *¿Qué hago con el dharma?*
– Seguir. Retomar de a poco. Ir al Centro Budista cuando puedas.
– *A veces siento que estoy perdiendo la fe.*
– Sí, eso es bueno. Hay que cuestionar al dharma, no se acepta a ciegas.

---

[1]nihilismo: negar todas las creencias religiosas, políticas o sociales. A veces se utiliza para indicar que "nada existe o nada es verdadero".

2 de marzo de 2008

– *¿Qué podés decirme sobre los pensamientos?*
– Los pensamientos son ilusorios. A veces aparecen como algo bueno, tentador, pero pueden ser horribles y destructivos.
"Soltá la vida".
Soltar la vida no es morirse. Soltar la vida es dejar el apego a la vida, para vivir mejor.

1 de septiembre de 2008

– *Me confunde el significado de "ego ilusorio."*
– No hay problema. Que el ego es ilusorio lo decimos para que vos no sientas que sos tan importante y el único que existe en el universo.
Un grano de arroz es igual al resto, pero no es tonto. Todos los hombres, todos los granos de arroz, pertenecen al universo y deben saber a dónde ir.
Escuchá y anotá: yo soy tu Maestro, vos sos vos, todos existimos en el universo del samsara, pero hay algo más allá, el universo continúa y hay otros universos, otras formas de vida.
Nada es eterno, todo se transforma y vuelve a surgir.

30 de septiembre de 2008

– *¿Podés decirme algo sobre el dharma?*
– El dharma es el camino. El camino podés seguirlo, o no.

Vos estás en el camino, igual que otros.
Estás llegando a un nuevo lugar en tu interior, lo estás conociendo, te estás abriendo y eso está bien.
No sufras por los que sufren ni sufras por vos.
¡Cuidado! No te confundas ni te engrupas. No te guíes por el orgullo ni el apego, que pueden ser tus tentaciones en este momento.
Escuchá la música y danzá con ganas.
¡Es hora de vivir! Vivir para siempre; pero siempre feliz.
Hay una vela encendida en tu corazón, siempre estuvo, pero ya no se va a apagar, hasta el día en que todo termine y se apague para siempre.
Mientras tanto, te toca dar amor.
Seguí el dharma y prendé una vela por mí cuando puedas.
Acordate de tu Maestro porque preciso ayuda en este momento de todos los discípulos que puedan orar por mí.
El ave está en vuelo, el vuelo es liviano y dulce, llegará lejos el ave que sabe volar.
Hoy es un buen día.
– *Gracias.*
– Cuidá tus alas.

8 de agosto de 2009

- *Hay gente que es muy sensible.*
- La sensibilidad es como una ventana.
Hay que saber abrirla (por ejemplo para que entre aire) y cerrarla (por ejemplo para que no entre frío y lluvia) cuando corresponde.

- *¿Por qué hay dificultades en el camino?*
- A veces las dificultades son buenas para vos, pero ahora tu

camino es a través de la alegría. Sonreír.
No estás solo. Yo siempre estoy con vos, igual que todos los budas.
Y vos estás con todos los seres.

26 de septiembre de 2009

– *Quiero estar tranquilo, ya no tengo el ímpetu por saber y aprender que siempre me caracterizó.*
– El saber no ocupa lugar si uno sabe hacerle espacio.
Espacio en el cuerpo, el corazón y la mente.
Tenés que vaciarte de cosas viejas, de diálogo interno, de basura que ocupa lugar y hace que aprender cosas nuevas sea arduo y doloroso.
Vaciate de basura, como se limpia el disco rígido de una computadora. Y entonces, naturalmente, vas a encontrar el enorme espacio que hay en vos para aprender y avanzar.
El tren, tu tren, puede ir más lento pero ya no podés detenerlo.
El tren detenido es energía que se estanca y te hace mal.
Las estaciones son para subir o descansar, no para bajarse.
Pero este tren te lleva por la vida, es sano, te hace libre y no te atrapa.
¡Seguí adelante sin temerle a la vida!
Seguí adelante sin pensar, sólo pensar lo necesario para hacer las cosas bien, sin perjudicar a nadie y ayudando a los demás.
Respirá hondo y relájate, 3 veces
Y después 3 veces más
y ¡avanzar!
Yo te bendigo, en nombre de todos los budas
para que sigas adelante, en paz.

3 de noviembre de 2009

– *A veces me cuesta mantener la presencia, pero ya no quiero pensar tanto en las cosas sino dejar que la vida fluya, liviana.*
– La vida no es liviana o pesada.
Vos podés andar por el aire, como una mosca, o por el suelo, como una serpiente.
Pesado y liviano está en tu mente.
Estás aprendiendo. Todo es un proceso que no termina.
Las cosas cambiaron y mejoraron para vos, pero la vida sigue, nada es estable, nada se detiene.
Seguí meditando y soltando todo tipo de apegos: dolor, pensamientos, pasado y futuro.
Relajate en el presente. Respirá profundo.
Relajate y sonreí. No esperes que la vida te llegue o comience, porque ya estás en ella.
Seguí saliendo al mundo como hacés, sin esperar nada especial. Lo especial no existe, es una forma de mentirnos a nosotros mismos.
Y, si querés hacer algo especial, andá a un bar y pedite un especial de jamón y queso.
Namasté.

29 de noviembre de 2009

– *Estuve en un retiro y me pregunto cuál es la conclusión de lo que estuvimos estudiando.*
– Que todo es vacuo, sublime, alto y bajo, rengo y recto. En el piso o sobre andamios.
Todo es ilusorio: el ego, el yo, tu vecino, tu hamaca paraguaya.
Practicá meditación, mantener la presencia y parar el diálogo

interno y todo se irá aclarando. Vas a ir entendiendo y sabrás qué hacer.
Nada es fijo: el karma, la vida y la muerte, las emociones negativas van y vienen. Todo cambia, se puede purificar y alterar, si querés, si podés, si tenés el conocimiento e hiciste los méritos suficientes.
No te preguntes. Las preguntas son palabras.
Meditá para entender.
Mirá el cielo en paz para entender.
Nadá para entender.
O sea: sumergite en el samsara para comprender la vacuidad del samsara y usar su energía para la iluminación[2].
Nada más.

4 de diciembre de 2009

– *El camino espiritual a veces me asusta.*
– Tenés miedo a lo que está más allá de lo material. Sin embargo, siempre lo buscaste y al encontrarlo te asustás. Relajado. Practicá meditación todos los días porque eso te centra, te organiza y te ayuda a ver bien las cosas y con calma.
Confiá en vos...
Sos tan fuerte como podemos ser los humanos.
Hay muchas cosas que no podemos manejar y conviene aceptarlo para no sufrir.
Porque si no aceptamos nuestros límites todo sigue siendo igual pero, además, sufrimos.
Tomá la sartén por el mango, la locomotora del tren de tu vida, y manejala por donde se puede ir, sin cuestionarte

---

[2]iluminación: finalizar el ciclo de reencarnaciones.

demasiado, y disfrutando y aprendiendo lo que esta vida puede darte.
No busque más de lo que hay.
¿Para qué?
Si lo que hay te sobrepasa.
Nadie encuentra lo que no puede ver, y lo que ves, miralo con desapego, dejalo pasar y nada más. No te aferres a nada y serás feliz.

7 de febrero de 2010

– *¿Podés hablarme sobre el dar?*
– Tu principal proyecto es dar a los otros, devolver lo que aprendiste.
Una puerta se abre para dejar pasar. No para entorpecer o cerrar el camino a otros.
Da lo que tenés, entregá lo que aprendiste, ese es tu camino ahora. Y crecer en lo espiritual.
Plegarias por mí que necesito ayuda para cumplir mi misión.
Ver el río te hace bien.
Así tenés que hacer vos, como el río: ir para adelante sin mirar atrás.

20 de marzo de 2010

– *Me siento en el aire.*
– Estar en el aire es bueno para vos. Sacar los pies de la tierra te hace bien... Volar es bueno.

Despegar es desapego. El desapego es libertad. Libertad del samsara que te aprisiona y condiciona.
Llegó el momento de comenzar a dejar los apegos del samsara. No el apego a las grandes cosas, sino a las cosas pequeñas de la vida cotidiana.
Dejá que el mundo y la vida te envuelvan y te lleven, como la ola que te salvó en el mar.
– *Sí, recuerdo ese día. Parecía que me iba a ahogar hasta que alcancé a llegar donde rompen las olas, me relajé y dejé que una ola me arrastre a la costa.*
– El desapego te libera y te salva. Soltar lo que te condiciona es la clave para seguir avanzando en el camino espiritual.

23 de mayo de 2011

– *Maestro, me cuesta mantener la presencia.*
– Sí. Te cuesta mucho esfuerzo sentarte a meditar dos o tres veces por día, te cuesta leer sobre budismo para aprender más, te cuesta esfuerzo y paciencia.
Estás pagando todo ese precio, pero lo pagás por nada, o casi nada.
Lo que tomás por perseverancia es impaciencia.
Pagás muchos costos pero vas por un camino errado. No sos perseverante, sos obstinado, porque entendés las cosas de una sola forma, lineal, por un solo camino, pensando de una sola manera.
Tu tarea es no pensar, rendirte a lo evidente que está más allá de tus ojos, en tu experiencia, en tu vivencia interior. Podés verlo, pero "con los ojos del alma".
– *Por momentos puedo ver la belleza de nuestro Ser, pero para mí siempre fue al revés: somos sólo cuerpo y mente. Me cuesta aceptar que soy un ser espiritual habitando un cuerpo.*

– No sos un monstruo.
¿Por qué te importa definir con palabras quién sos?
– *Necesito saberlo, desde siempre.*
– Pará un poco y meditá, relajate.
Estás aquí para entender y yo para ayudarte.
Ayudarte es fácil, entender también.
Fácil es lo que empieza y también lo que termina.
Empezar y terminar sucede siempre.
Así son las cosas. ¿Por qué deberían ser de otra manera? ¿De qué manera es mejor?
Albricias por los descubrimientos que estás haciendo.
¡Qué pena que los humanos sientan dolor! ¿No es así?
Pero a veces es el motor para trascender. Entonces vale la pena.
Tus penas no son mejores ni peores que otras, pero hoy debo dejar tu pregunta sin la respuesta que vos esperás.

27 de junio de 2011

– *¿Qué tengo que hacer ahora?*
– Estás en un momento de transición. Estar aquí y allá simultáneamente puede hacerte sentir a disgusto.
El valle puede contener al río, pero si el río desborda la cosecha se pierde.
¿Cómo puede el fruto soportar la crecida si no está preparado para conocerse a sí mismo?
Aunque la luna salga y aparezca, no todos la pueden ver, porque en el cielo está la luna pero hay otras cosa también que distraen al observador y que no pueden ser vistas por quien baja la cabeza.
No terminás de rendirte a la verdad.

Tus expectativas te saturan, colman tu mente, tu ánimo y no te dejan ver la verdad sencilla y luminosa.
Tu actitud interna debe ser la de "HACER SIN QUERER", o sea meditar y hacer las prácticas budistas sin buscar un resultado, sin deseo, expectativas ni apego.
Esa es tu tarea ahora, "hacer sin desear". Hacés tus prácticas, terminás y la vida sigue.

23 de septiembre de 2011

- *El rigpa desapareció nuevamente, a veces siento esa nueva paz interior, pero el rigpa se acabó.*
- No se acabó nada. Nada termina una vez que comenzó, siempre algo queda, aunque sea en una forma distinta: emociones, energía, algo material, conocimiento, etc.
Finalmente estás dando en el blanco y te asusta pasar al escalón siguiente, seguir avanzando, subiendo hacia la cima.
Esto es normal, habitual, suele sucederle a la gente.
Tu ego se defiende porque le están quitando territorio y hace que te distraigas mucho y pierdas la presencia del rigpa quedando desprotegido de las emociones y circunstancias que tu mente genera en la vida cotidiana.
- *¿Y qué tengo que hacer para seguir en el camino espiritual y sentirme bien?*
- Nada, nada especial porque hacer esfuerzo para lograr algo te separa de tu meta.
En general, lo que estás haciendo está bien. Estás en medio de un proceso y hay que dejar que el proceso continúe y se desarrolle siguiendo los pasos necesarios.
Mientras tanto, tu actitud debe ser de calma y tolerancia.
Para conseguirlo, debés meditar.

5 de octubre de 2011

– Maestro, cuando reconozco rigpa, me entusiasmo, creo que ya soy un buda y en poco tiempo lo pierdo, ya no puedo reconocerlo.
– Uno reconoce un hijo como propio pero no lo es.
Es independiente y en todo caso se pertenece a sí mismo...
Igual con el rigpa. No es tuyo. El ego quiere adueñarse de él y sentir que logró una victoria: "ahora soy un santo y seré reconocido como tal".
El rigpa no es de nadie, y vos sos el rigpa.
Tu esencia búdica es el rigpa.
Ahí está, siempre. Con o sin vos. Con o sin tu ego y su deseo de triunfar en lo que sea.
En concreto: meditá sin buscar nada, sin esfuerzo, sin objetivos, sin meditar y sin meditador.

8 de septiembre de 2012

– Desde niño he buscado la verdad, pero hay mucha gente a la que no le interesa.
– Muchas personas no saben ver la verdad y profundidad de su Ser.
Algunos reconocen esa ignorancia y se abocan a aprender.
Otros no. El cielo está arriba, rodeando la tierra, donde debe estar.
Y vos estás en la tierra, donde debés estar.
No tenés que hacer nada en particular. Estar ahí, vivir tu vida.
Asentarte, tranquilo, relajado.
No se busca como vos lo hiciste: queriendo tener algo. El buscador sigue el camino y acepta lo que encuentra. No hay "algo" que buscar.
Aceptación, relax.

20 de marzo de 2013

– *Tengo dos preguntas:*
¿Cómo hago para no ponerme ansioso al meditar?
¿Tengo que hacer algo más en relación al budismo?
– Mi niño, niño grande, sigues preguntando de todo a todos.
¿Por qué precisas tantas respuestas?
¿Quién sabe lo que realmente te conviene?
No hay una verdad única, no busques "hacer lo correcto".
Si querés estar parado: parate. Si querés estar sentado: sentate.
Es tu propia exigencia la que te juzga, controla y te lleva a hacer cosas que no tenés ganas.
En cuanto a la meditación: hoy le estás encontrando la vuelta: comenzá a meditar y si te sentís ansioso respirá profundo y exhalá con fuerza sacando las tensiones y buscando relajarte un poco. Si te sirve, repetilo. Luego continuá, "sin modificar", observando el diálogo interno como algo externo que está allí pero no te atrapa.

Sobre el budismo: no sos un monje que sigue normas en un monasterio. Sos un occidental que se acerca al budismo como puede, según le enseñan sus maestros. Tenés maestros y eso es lo principal.
Lo único de lo que debés cuidarte es de no inventar tu propio budismo y deformar las prácticas según tus ganas o tu criterio porque deformar las prácticas milenarias puede ser contraproducente y peligroso para vos.
O sea: estás en el sendero, está bien, seguí las indicaciones de los maestros.
¿Algo más?
– *No, gracias*
– Agradecete a vos y viví en paz. Relajate y bailá.

9 de julio de 2013

– *Maestro, ¿puedo seguir aprendiendo sin tantos obstáculos?*
– Sí. La vida puede ser agradable y dulce para vos.
El mundo tiene de todo: dulce, amargo, neutro y otros sabores más.
No siente los sabores aquél que mantiene la boca cerrada; pero, ¿podrías hacerlo?
– *No, soy muy curioso.*
– La vida ofrece muchos sabores para la gente que quiere consumirlos. Para los practicantes de un camino espiritual, existe el sabor único, el gran sabor que todo lo impregna y pueden percibirlo quienes han conocido la naturaleza de la mente y de todas las cosas.
Entonces, reconocé todas las situaciones como variantes del samsara usando el intelecto y luego lo soltás, reconocés el rigpa y lo sostenés tanto como puedas.
Ese es el sabor único: ver el samsara desde la mente natural, el rigpa.
Relajado, sin exigencia, sin tensarte por querer “hacer las cosas bien”.
En paz.
– *Gracias. Lo entiendo, lo hago, me olvido de hacerlo y luego me acuerdo de hacerlo.*
– Tu tarea es acordarte. Volver al punto de vista[3]. Relajado. Nada más.

21 de diciembre de 2013

– *Temo sentirme un capo, creer que no preciso guía y abandonar el camino.*

---

[3]punto de vista: ver las cosas desde la verdadera naturaleza de la mente.

– El camino es la vida. La vida es el camino.
Los polos se juntan en este plano o en algún lugar del universo.
No hace falta que comprendas lo que estás haciendo, no hace falta que comprendas nada si la comprensión implica más conceptos.
No hace falta estar haciendo siempre algo trascendente ni sentir que la vida tiene un propósito, ni nada.
Ahora, viví la vida porque sí, porque está ahí para ser vivida.
No hay nada obligatorio. NADA, ¿entendés? Nada.
Todo es simple, es más simple de lo que creés.
Podés seguir aprendiendo sin complicarte.

9 de mayo de 2014

– *Maestro, ¿podés hablarme sobre el Ser?*
– La vida no es una línea recta ni un camino sinuoso.
La vida ES. Como el Ser, que ES.
ES significa existir. El hombre existe en el samsara que transcurre a lo largo del tiempo lineal (pasado, presente y futuro). Entonces el hombre es en el samsara y ES en su Ser interno. Existir en la vida es transcurrir del tiempo y el espacio. Existir en el Ser es la verdadera existencia, la verdadera "vida".
Tu Ser está allí.
En la medida que reconozcas tu Ser, las respuestas vendrán solas, sin consultarme a mí ni a otros.
Entonces, lo que hoy importa no es que te diga qué pasa o qué hacer, sino ayudarte a reencontrarte con tu Esencia para que puedas ver las respuestas, más allá del tiempo lineal y del espacio (este planeta) del samsara.
Meditá con los ojos abiertos sosteniendo la presencia.
No te preocupes por el tiempo, no es lo importante.

Sin esperar nada, sin exigirte, por supuesto.
Lo importante es lograr algo de calma mental y reconocer el rigpa unos instantes. Esta es la forma de meditar ahora.

Consejos

24 de agosto de 2007

– *¿Podés darme algún consejo para el año que se inicia?*
– Que estés limpio.
Limpiar el pasado.
Dejar ir lo antiguo.
Verás venir la tormenta que llega del desierto, el cielo se pone gris oscuro, pero la tormenta sigue de largo, pasa por arriba tuyo sin tocarte.
– *Maestro, esto me asusta.*
– No, no te asustes. La tormenta es crecimiento.
Te va a ir bien. Comienza un buen año
– *Gracias*

30 de junio de 2009

– *Creo que debo darle un nuevo rumbo a mi vida.*
– Dejá ir lo viejo.
Lo que se estanca se pudre y hace mal.

Llorar hace bien. Si una lágrima cae, riega el desierto y el desierto mejora, ya no está seco y nace la vida.
Esperar, pero no esperes sentado en tu casa con la cabeza llena de ideas. Hay que hacer aquellas cosas buenas para vos.
El mar es azul, con olas fuertes y suaves.
Un velero planea en él. Las olas lo mueven pero no guían su rumbo.
Timonear suave, sabiendo cuál es tu destino, sin forzar el barco ni el timón.
A veces hay que dejar que el viento y las olas te lleven y suavemente vas marcando tu dirección.
Cuando hay calma, timón y velero van directo hacia el final.
Con viento y olas, un poco hay que dejarse llevar.
Relax, relax y relax.
Paciencia
Y relax.
Paciencia
Y relax.
Subir las olas, mover suave el timón, paciencia, relax y dejarse llevar.
¿Qué más puede pedir un hombre que no conoce el mundo, aunque siempre lo ha visto, que un buen larga vista para poder mirar?
Viví en paz, en la paz que ya tenés.
No te olvides del amor incondicional.
Está en vos. Multiplicalo.
Y sonreí.
– *¿Cómo agradecerte Maestro, esta ayuda que me das?*
– Una flor en cada puerta
una flor y nada más.
Rezar por los muertos,
por los vivos
y los que vendrán.

18 de mayo de 2010

– *A veces la vida presenta dificultades.*
– Los sonidos de la noche, se escuchan de lejos.
Los sonidos del día, sólo son audibles para quien quiere oír.
Persevera. Esa es la respuesta a tus plegarias. Nada vendrá porque sí. Sólo de tu esfuerzo surgirá el fruto de lo que buscas.
Sólo de la noche saldrá el fin.
Pintar, cantar.
Pero meditá, más tiempo y con más devoción.
Confiá en vos y en tu fuerza interior para vivir, cambiar, mejorar, enfrentar dificultades y ser feliz.

3 de agosto de 2010

– *Maestro, qué compleja es nuestra mente.*
– Hijo de la sabiduría: la mente que te da paz es la mente que te da fuego y quema en tu interior.
Paz y fuego, qué difícil aceptar ambos, conciliar ambos.
Pero en la vida hay un poco de todo y a veces se combina mejor y a veces peor.
El fuego sirve para lograr la paz y para arruinarla.
En la paz el fuego da calor y cocina el alimento pero también incendia y destruye.
Paz y fuego, qué difícil conciliarlos.
Por ahora, dejate llevar; es difícil, pero confiar te salva.
Luego, al fuego hay que dominarlo y a la paz disfrutarla y conservarla.
Fuego y paz son una rara combinación pero tienen un mensaje muy especial para vos.
Descifrá el mensaje.

Yo siempre estoy con vos
te cuido
y te acaricio el corazón.

4 de septiembre de 2010

– *Te pido consejos para mi situación actual.*
– No pidas consejos que no te hacen falta.
Saber resolver es la clave. Porque siempre hay problemas, y vos sabés resolverlos.
No preguntes tanto, no te preguntes tanto: actuá con sentido común, y listo.
Si el gato da muchas vueltas se enreda en la madeja y hace mucho lío.
Cada día es único y vivilo como tal.
No cambies nada. No pienses en los próximos días.
Hoy es el día. El único. Y vivilo sin pensar.

15 de septiembre de 2010

– *Creo que a veces pienso demasiado sobre un mismo tema.*
– Pensar en vos, está bien para conocerte y cuidarte.
Pensar sólo en eso, es malo.
Volvé a la presencia cada vez que lo recuerdes, pero sin esfuerzo, sin exigencia y, sobre todo, sin enojarte: "ah, me distraje", inhalo profundo, al exhalar me relajo y sostengo la presencia, sin esfuerzo, el tiempo que pueda.
Amate y enamorate de vos, sin apego, no como Narciso.

Enamorate de la vida y de la gente, tranquilo, sin esperar, sin expectativas.
No hagas nada para estar bien, entonces no vas a estar mal.
Dejá que la vida te sorprenda y amate, cuidate sin esfuerzo: "Dios proveerá".
Este tramo de tu vida puede ser tranquilo y relajado.
Muy tranquilo.
Que hoy sea el comienzo de una nueva forma de ver la vida.
– *Me cuesta dejar de pensar y darle vueltas a las mismas cosas.*
– Hacé lo que te dije antes:
"Uy, otra vez pensando en lo mismo".
Inhalo, exhalo y me relajo. Mantengo la presencia sin esfuerzo el tiempo que pueda.
Y no te enojes, por nada, porque no te hace bien.

24 de octubre de 2010

– *Veo que a otras personas les resulta más fácil seguir el camino budista.*
– No mires lo que hacen los demás.
Tu camino es tuyo, único, aunque puede parecerse a otros.
La naturaleza tiene épocas (invierno, verano) y la vida humana también.
Esta es una época para dejar que todo se tranquilice y acomode.
Pensar poco porque lo primero que debe acomodarse es emocional y eso hará que tus pensamientos se acomoden solos.
– *¿Qué me pasa con el budismo que me asusta un poco seguir avanzando?*
– El budismo a veces es duro y profundo.

Vos estás haciendo prácticas para profundizar que te sacan de tus viejas creencias habituales.
Seguí adelante, tranquilo, sin pensar ni analizar lo que sentís sobre el budismo, pero muy flexible, como el agua, que avanza, se adapta a las formas del lugar, y finalmente llega a destino.
No trates de agarrarte a nada para frenar a tu buda interior.
Confiá en él, dejalo que se muestre y te cubra, proteja y ayude.
Él será tu guía, tu única y mejor herramienta para transitar por el samsara los años que te quedan.

5 de julio de 2011

– *¿Están las respuestas en mí Ser?*
¿Existe el Ser?
– No abras la puerta antes de la salida.
No precipites la comida porque se quema.
El gato no va al nido, porque no es un ave.
Pero el trueno suena, siempre, cuando hay tormenta.
Te siguen preocupando las mismas cosas porque pensás que uno debe actuar igual ante situaciones similares. Entonces estás empezando a preparar todo para que suceda algo parecido.
Pensar "me voy a caer, me voy a caer", sólo hace que tropieces.
Tal vez no tengas que buscar en el mismo lugar.
Creo que tenés que abrirte más a lo que sucede, sin buscar, sin hacer algo para lograr algo.
Actuá según tus necesidades, con libertad, respetando tu manera de ser.

Y valorate por lo que sos, por el valor de tu Esencia, no por lo que hacés, porque eso te daña, no te sirve.
Tenés que mirar la vida desde una nueva perspectiva.
La simplicidad, la verdad, la espontaneidad sincera, la abundancia, la esencia de tu Ser. Lo que hay, lo que tenés y no lo que te falta.
No hay verdades dogmáticas, no precisás ideas u objetivos a los que apegarte para "darle un sentido a la vida".
La vida ya tiene sentido, no hace falta que se lo estés buscando.
Dejá a la vida tranquila, dejala que suceda, dejala en su lugar.
Y andá, a donde sea, sin pensarlo, andá para allá, que estará bien y ese, será un buen lugar...
Amate, sin apego, respetate, con amor, con simpleza, sin buscar, ya no busques.
No busques más porque encontraste y estás ahí, en tu propio lugar, donde estabas al nacer, y antes también. Ya llegaste a tu destino y a tu punto de partida, que son lo mismo, ahora lo sabés.
Y no te enojes por eso, por esta verdad tan sencilla.
Simple pero profunda.
Simple y verdadera.
Qué bueno, ya no tenés que buscar.
Tu alma está aquí, tu destino está acá. Y ambos se encontraron para ir a ningún otro lugar, porque ya están aquí, donde siempre estuvieron, donde se desencontraron, donde ahora se encontraron para volver a unirse en una unión que nunca existió, porque no son dos, sino uno, siempre uno, siempre vos. Alma, hombre, ciudadano, padre, hijo de la vida y del amor incondicional.
Ilustre ciudadano del mundo y de la vida, navegante del universo y del mar. Para dar, aceptar y dejar que todo circule por vos, a través tuyo, para nutrirte, para entender sin dañarte, para aprender lo que ya sabés: que la vida es una, única, permanente (lo que permanece), impermanente (lo que muere, lo que a veces duele) pero sos un ser, único,

unido con el todo en esa esencia verdadera que es la juventud del universo y de todo lo que hay.
Podríamos seguir toda la noche, durante horas, pero es suficiente por hoy.
Namasté.

13 de julio de 2011

- Maestro, ¿podés decirme algo sobre escribir un libro con nuestras charlas?
- ¿Qué querés saber?
- ¿Qué hago? ¿Sigo escribiendo?
- Vos no sabés lo que no querés saber. Hacés muchas preguntas por costumbre, siempre. No te preguntás a vos mismo, primero. Siempre te gustó preguntar, y eso es bueno. Pero preguntar porque sí, sin buscar primero tu propia respuesta, no sirve. No sirve porque buscás tu propia ignorancia en vez de buscar tu conocimiento.
El conocimiento, mundano o sublime, no llega de afuera. Siempre viene de adentro, de tu conexión con la gran conciencia universal, que es una y que todo lo une. Unifica lo que existe, y lo que no.
Entonces, es cierto que al preguntar a alguien, hacia afuera, la respuesta viene de vos mismo, en cierto sentido. Entonces, ¿por qué no preguntarte directamente a vos mismo para encontrar en tu Ser esa Esencia universal que unifica?
Empezá a practicar preguntarte a vos, encontrar en vos las respuestas a tus dudas y, cuando no encuentres nada, buscá afuera; en tus maestros, en tus ancestros, en tus mayores.
- Entonces el libro no me lo vas a dictar, lo tengo que escribir yo solo.
- Solo no. Conmigo, con todos, con vos.

- Vos y tus juegos de palabras. Veo que seguiremos hablando de este tema por siempre.
- Siempre que vos repitas el mismo tema. Si no, hablaremos de otras cosas.

8 de abril de 2012

(Luego de preguntarle sobre varios temas)
-Muchas preguntas y está bien.
No hace falta responder todo puntualmente.
Hoy tenés más ganas de contar que de escuchar.
En la Esencia del Hombre está la Esencia de las cosas.
Y el Hombre que puede debe seguir ese camino: buscar, encontrar y seguir su Esencia.
Nueva etapa.
Cada día es una nueva etapa para el que quiere ver.
Relajate, como un niño en brazos de su madre, y entregate en paz cuando estés con otras personas, pero sin esperar nada, sin entregar nada, porque no hay nada que mostrar, dar o recibir. La vida es simple, como siempre digo, y quien lo entienda vivirá bien.
Ya no es tiempo de pensar, porque las palabras no te muestran lo que querés saber y aprender.
Pequeños ratos de silencio te muestran la verdad.
En tus maestros está la llave de lo más profundo que querés encontrar.
Un paso después del otro, en el orden correcto.
Ahora sabés dónde empezar para seguir desde aquí.
AMOR, con mayúscula hacia vos y todos los demás.
AMOR de mí hacia vos y para todos los demás.

Siempre estás en mi corazón.

25 de julio de 2012

– *No quiero hacer cosas por compromiso u obligación.*
– En la vida no hay obligación de nada. Nada es nada, la nada. Porque nada debe ser de una forma y no ser de otra. Todo es igual, todo está bien, sí o sí.
Sos libre pero no te sentís libre. Sos libre de hacer e ir a donde quieras, con quien quieras.
No hay nada que hacer. Sólo seguir la vida, tu camino, que está bien.

10 de marzo de 2013

– *Las cosas no siempre son como uno cree.*
– El mapa de la realidad es diferente de ésta.
Las cosas son de una manera pero se perciben de otra.
¿De qué otra forma?
De la forma en que uno puede ver el mundo y todos los fenómenos.
Hay que seguir adelante con la vida, sin perder tiempo, sin perder la vida, tu vida, tu porción del Todo, lo que te corresponde cuidar y aprovechar, y repartir.
¿Qué hay que hacer? ¿Qué es lo mejor? Suelen preguntarse y preguntarme las personas.
No hay mejor ni peor. El camino es uno (unidireccional).
No hay que tomar nada para estar bien y ser feliz; no hay nada que ayude a ser feliz. El camino es conocer la felicidad innata que todo lo cubre y abarca.
Seguí adelante, sin expectativas, presente, entrenando la mente para que los fenómenos no te atrapen.
Ya sos feliz.

6 de junio de 2015

- *¿Qué pasa cuando nos desilusionamos de algo o alguien?*
- La ilusión es irreal.

La des-ilusión es perder algo que no es real. ¡Qué bueno! Poder deshacerse de las ilusiones, de lo que no es real, genera bienestar.

Cuentos

30 de diciembre de 2007

- *¿Querés enseñarme algo sobre el dharma?*
- Un buey venía caminando y se le cayó un cuerno. Luego pasó un hombre, lo recogió y trató de soplar pero no producía sonidos. Quiso juntar agua de lluvia pero era muy chico. Entonces pensó que el cuerno no servía para nada y lo tiró.
Luego vinieron unas hormiguitas y lo usaron como casa.
"Lo que es malo para unos puede ser bueno para otros."
"Hay cosas que unos no pueden entender y otros sí."

15 de septiembre de 2010

– *¿Me contás una historia?*
– El hombre iba caminando por el campo desde su casa al pueblo y vio una ardilla que le dijo:
"Cuidado campesino, el puente está roto y no podrás cruzar el río.

Ve por otro camino; rodear el arroyo es más largo, pero te hará bien".
El campesino no hizo caso a la ardilla, simplemente porque las ardillas no hablan y no creyó en ella.
Como era de esperarse, al cruzar el puente se quebró el piso y cayó al agua.
¿Se ahogó? No, porque vino una especie de sirena que lo agarró y lo llevó a la superficie.
Por supuesto, él no creía en sirenas, aunque la vio y vio lo que pasaba.
Mojado, fue hasta el pueblo, pero cuando llegó no se acordaba para qué había ido.
"Tal vez vine a la cantina", pensó, y fue a tomar aguardiente.
Ya borracho, de noche, regresó a su casa pero se perdió en el camino.
La ardilla que lo vio perdido le dijo: "Es difícil encontrar el camino de noche, deja que te alumbre con mi lámpara para que puedas ver".
Pero el campesino rechazó la ayuda, porque las ardillas no hablan. Y, siguiendo los consejos del alcohol que había tomado, comenzó a caminar en círculos.
Tres días después lo encontraron durmiendo sobre un árbol.
Nadie sabe qué pasó en esos días, ni siquiera él.
Pero jura que vio una sirena y habló dos veces con una ardilla.
Ahora, cada vez que va por el bosque, busca a la ardilla para hablarle de nuevo. Pero parece que nunca la encontró y tal vez no vuelva a verla.
Sin embargo, el campesino es un hombre feliz, igual que muchos otros.
Lleva una vida normal y no se queja.
A veces siente que algo se perdió en su corazón, o está tapado y, tal vez, debería buscarlo; pero no sabe cómo...

Si algún día ves al campesino y en su rostro ves algo parecido

a vos, no te confundas, porque cada uno tiene su historia, él la suya y vos la tuya.
Cada uno sabe qué quiere ver y encontrar.
Cada uno sabe dónde buscar... Para ver y saber.

10 de abril de 2014

– *Maestro, me gustan tus cuentos. ¿Podés contarme uno?*
– Sí, como no.
Había una vez un castillo muy alto, en la cima de una montaña muy alta.
Sus torres tocaban las nubes y, algunos decían, que podían llegar hasta Dios.
Pero la gente que vivía dentro del castillo no era feliz.
¿Por qué? ¿Por qué no podían ser felices y disfrutar la vida si vivían en un castillo que llegaba hasta Dios?
Es simple. El castillo llegaba, pero ellos no.
Una ardilla, que solía andar jugando en los jardines del castillo, se ponía muy triste al verlos sufrir y padecer por pequeñas cosas de la vida cotidiana.
¿Cómo puedo ayudarlos?, se preguntó. Y no encontró respuesta.
Le preguntó a su amiga la tortuga, que no vivía muy lejos pero siempre tardaba en llegar a todos lados, y ella tampoco tuvo respuesta.
Qué pena, se dijo la ardilla a sí misma, vivir triste esta vida es un verdadero desperdicio. Como preparar una ensalada de nueces y tirarla a la basura sin comer.
Realmente no sé qué hacer.
Entonces subió a la cima de una montaña donde le gustaba ir a mirar el atardecer y allí, despacio, casi como un susurro, el sol le dijo:

Si quieres ayudar a los habitantes del castillo, ve y cuéntales la historia del cocinero y la cuchilla sin filo. Luego de eso comprenderán qué les sucede y podrán vivir con alegría y en paz.
La ardilla decidió ir al castillo a la mañana siguiente, porque pensó que si lo hacía de noche se podían asustar.
Cuando salió el sol, fue al castillo y golpeó la puerta.
Un sirviente abrió y ella le entregó un sobre.
Es para el señor de la casa, dijo. Esperaré aquí la respuesta.
Luego de media hora, el dueño de casa salió con lágrimas en sus ojos, miró a la ardilla y le agradeció con una sonrisa en su mirada y fuego en su corazón.
Ahora seremos amigos para siempre, le dijo la ardilla. Amigos y compañeros del camino. Ven a verme cuando quieras y hablaremos. Podrás enseñarme lo que aprendas y así enriquecernos mutuamente.

Cuando cuento esta historia, todos quieren saber qué había en el sobre, pero no lo sé.
Tal vez cada persona tiene un sobre esperando que lo descubran.
A algunos afortunados se lo llevan a la puerta de su casa, pero eso no es muy común.
No busques tu sobre, si no quieres, o sal a buscarlo ahora mismo y tal vez lo encuentres o encuentres una ardilla que te ayude a buscar, encontrar y ser feliz.

Diálogo interno

19 de marzo de 2010

– *¿Qué pasa con mi mente que aparecen pensamientos negativos que me abruman y dificultan hacer lo que quiero?*
– Tu mente no está loca. Tu mente es la mente de un buda, pero eso, todavía tenés que descubrirlo.
Sos muy racional y te asusta. Te cuesta mucho aceptar tu naturaleza búdica y la naturaleza de los fenómenos.
¡Persevera!
¡Paciencia!
Todo se irá aclarando a su debido tiempo.
La comprensión no llega cuando uno no está preparado y vos te estás preparando, como muchas otras personas lo están haciendo por caminos similares o distintos, más cortos o más largos.

28 de mayo de 2010

– *Estoy con mucho diálogo interno.*
– Dar vuelta para atrás.
Que lo que estaba arriba esté abajo.
Que el cielo sea tierra y al revés.
El mundo es redondo y es el suelo.
Arriba está el cielo.
Pero a veces el cielo debe bajar a la tierra para conseguir lo que uno necesita.
Menos palabras, más acción, inmovilidad de la mente. Más camino espiritual.
Hay muchas ideas en tu cabeza, ya pasará.

10 de julio de 2010

– *¿Cómo freno mis pensamientos?*
– Si pasás mucho tiempo solo, tenés que meditar para que no se te dispare el diálogo interno.
Sonreí.
Mirá el cielo iluminado.
Cada vez que comienza el diálogo interno, contá hasta 8 mirando un objeto para calmar tu mente.

18 de agosto de 2010

– *¿Por qué mi mente se llena con tantos pensamientos?*
– Porque tu mente es como una vasija vacía, y con algo debe llenarse.

Tenés que acostumbrarte a que se llene con aire, vacío, cognición, presencia.
Nada más.
– *¿Cómo la acostumbro?*
– Practicando. Liberar los pensamientos en la vida cotidiana es muy bueno. Con simpleza, sin exigirte, sin poner carteles para recordarlo.

14 de septiembre de 2010

– *Estuve todo el día pensando y dándole vueltas al mismo tema.*
– Tu mente es como la lava de un volcán en erupción: cae, arrasa y puede destruir.
Hay que pararla con meditación y presencia.
¡Tranquilo! Nada grave está pasando.
Pero hay que actuar para ordenar las cosas.
Mientras trabajás, no pienses en tus cosas. En el horario de trabajo se trabaja.
Tu vida puede fluir y deslizarse como un pájaro en el cielo. Hacélo, dejá que eso suceda.
Lo tuyo es hábito. Como un niño que se acostumbra a temer a la oscuridad y si prenden la luz no sabe bien qué hacer porque está preparado sólo para temer a la oscuridad cuando se acuesta.
Levantate, prendé la luz, relajate y dejá que el resto suceda.
Nada más.

16 de mayo de 2012

– *Maestro, varias ideas dan vueltas por mi cabeza.*
– El mar asoma en el horizonte cuando las aves levantan vuelo.
NO INSISTAS con viejas cuestiones porque el presente está libre del pasado.
El pasado fue y el futuro vendrá.
Hoy, tu realidad es buena.
¿Qué es la vida, qué es la muerte?
Tal vez sólo sea un cambio de lugar.
Estar vivo, vivir. Estar muerto, morir.
Es como entrar y salir de varios lugares.
Son roles. Entrar y salir del trabajo o de tu casa, son roles.
Tareas. Estados de ánimo que van y vienen.
Pero nada de eso sos vos, en esencia.
Las cosas son como son, y no como vos te las cuentes.
Soltar es el camino. Soltar y saltar a la vida, como un héroe que se anima a ser libre y feliz. Con simpleza, con mucha simpleza, con demasiada simpleza. Con una simpleza tan simple que confunde porque parece que esa no puede ser la respuesta a lo que buscaste toda tu vida: ver la simpleza de las cosas, vivir con simpleza, y el mundo es sólo un escenario.
Sólo tomates y huevos fritos, no van muy bien juntos.
Espárragos y alcaucil, es algo que se repite.
Actor y espectador, no puede ser. No debe ser.
En el mundo, en el planeta, hay un propósito para cada cosa y tu propósito está en vos.
Descubrilo, encontralo (en realidad, aceptalo, porque ya lo conocés).
Por ahora, no tenés nada más que aprender, sólo soltar y relajar, y que el barco, solo, tome su rumbo en el mar.
Salí a la vida, que está dentro tuyo. Salí al mar, sin navegar.
Marinero sin timón, tranquilo y concentrado, navega mejor.

7 de enero de 2014

– *Estoy molesto y es lo único en lo que pienso.*
– Pensá menos o ya no pienses.
Adaptate a las circunstancias sin renegar. No esperes nada de nada ni de nadie, porque nunca pasa nada de eso que uno espera. Pasan otras cosas, lo que uno imagina que está pasando.
Pero no te enredes en tus pensamientos, no analices lo que sucede y entregate a la vida viviendo lo que sucede en cada instante.

Ego

30 de abril de 2006

– *¿Cómo tratamos con el ego?*
– Al ego hay que: conocerlo, comprenderlo, perdonarlo y aceptarlo.

14 de julio de 2011

– *Maestro, estoy interiormente muy bien, aunque me cuesta soltar aspectos importantes de mi ego. Pero lo estoy haciendo y temo quedarme sin nada de lo conocido.*
– La bola negra del pool tiene un valor diferente a las demás, pero no por eso deja de ser una bola.
¿Qué debería hacer la bola negra para sentirse bien? ¿Cómo debería acomodar sus cosas y su vida para no ser menos durante un partido de pool? En el pool, como en la vida, las cosas ruedan y se suceden unas tras otras, como las bolas, negra, blanca o de colores. ¿Qué importa el color, la forma, si se está jugando el partido o no? Nada. No hay diferencia,

nunca hay diferencia en los resultados si se sabe mirar bien las cosas. Esto es mirarlas por dentro, interiormente, en lo profundo. Como atravesar una vasija de barro con la mirada del alma, para ver su interior y saber, verdaderamente, lo que es ser vasija, no una vasija cualquiera sino esa vasija. ¿Llena, de qué? ¿De aire? No, por supuesto, llena de muchas cosas que, la vasija y quien quiera conocerla y aprender su sabiduría, deberá recorrer e inspeccionar para aprender.
Así el hombre sabio, o el que quiere serlo (más bien el que quiere encontrar la sabiduría que ya posee) deberá recorrer su espacio interior para aprender y conocerse. Habrá distracciones, y el aprendiz, el investigador, deberá obviar todo lo que se mueve externamente.
Si no, ¿qué diría la bola acerca de su vida si sólo considera lo que le pasa durante un partido? Diría cosas como: "la vida es sólo movimiento, correr y rodar en varias direcciones y recibir varios golpes sin saber por qué o para qué". Y un observador distraído podría decir: "la vida de una bola negra de pool es rodar y marearse, marearse y sufrir permanentemente, sin sentido. ¡Pobre bola, qué vida horrible!"
Lo que se te da no es para rechazarlo, lo que recibís es un Don. El Don de la vida, el Don de aprender para saber y conocer. Conocer la verdad, la verdad verdadera, la verdad real, la verdad que para otros está oculta.
Sólo conoce aquél que quiere saber, se lanza al camino y emprende la aventura. Para eso hace falta correr riesgos, lanzarse a lo desconocido y aceptar/enfrentar lo que se encuentra.
Como dijo alguien: "El ego es muy travieso". Y yo agrego: y se ocupa muy bien de mantenerte ocupado, ocupándote de él.
A medida que avanzás las dificultades pueden ser más complejas, tu conocimiento, experiencia y herramientas también son más fuertes y preparadas para resolver situaciones complejas con un esfuerzo menor.
Seguirás aprendiendo con un costo cada vez menor, más amoroso y saludable. Todo será más sencillo, en poco

tiempo, y aprenderás a aprender con poco esfuerzo, sin dañarte, sin sufrir. Con amor. Y tu alma, tu cuerpo, tu interior se enriquecerán con las enseñanzas del maestro, del gran maestro que ya sabés quién es y dónde está[4].
Tu ego precisa mimos porque no se siente bien porque está perdiendo territorio y sus valores antiguos se desvanecen ante la evidencia de tu nuevo aprendizaje. ¿Qué puede hacer para impedir tus nuevas experiencias y conocimientos adquiridos? Nada, ya no hay nada de verdadero valor que pueda anteponer a la joya que surge del trono eterno del conocimiento ilimitado. Entonces, a veces, pocas veces ahora, se queja, se angustia y le duele la pérdida de poder y territorio.
Pero tu ego estará bien, él lo sabe, porque no harás nada para eliminarlo, al contrario, él está viendo que todo lo nuevo que hacés te lleva a conocerlo mejor, en su verdadera e íntima profundidad y que al tener ese conocimiento, que puede ser la llave para matarlo, lo que hacés es amarlo y cuidarlo cada vez más, con respeto y amor, como si fuera de la nobleza, porque lo entendés y sólo querés que ocupe su verdadero lugar, de la mejor manera posible, sin dañarlo ni provocarle dolor.
Ese es el verdadero aprendizaje: conocer al ego y hacerle su espacio, sin pretender destruirlo. Y ese respeto sólo puede tenerlo quien aprende realmente la esencia del camino.
Yo siempre te voy a acompañar hasta el día que no me precises y quieras despedirte. Y así será.

---

[4]Se refiere al maestro interior que, según el busdismo, es un reflejo de nuestra sabiduría innata.

25 de septiembre de 2011

– *El tema de la inexistencia del ego me confunde.*
– A veces preguntás cosas cuya respuesta ya conocés: confiá más en vos.
No sos tonto. Esos sentimientos son juegos y engaños del ego para que le prestes atención y actúes de manera que él se sienta seguro, aunque sufra, pero refuerces la noción de que existe realmente.
– *Estoy cansado de esta lucha contra el ego.*
– Cansate del ego, pero no de la lucha.
Aunque luchar no es lo mejor.
Hacéle espacio a tu ego, sin pelear.
– *¿Así nada más?*
– Así nada más

29 de noviembre 2011

– *Maestro, ya entiendo la dualidad, el ego, lo ilusorio. Pero en vez de sentirme más tranquilo y seguro, estoy ansioso e inseguro.*
– A seguro lo llevaron preso[5]. La seguridad que buscás no existe.
Tu ego se revela a medida que develás sus secretos. Esto seguirá pasando, por un tiempo al menos, hasta que estabilices tu práctica de meditación.
A la mañana el gallo canta: ¿se siente alegre? ¿Quiere hacerse notar? ¿Celebra la salida del sol?
No es bueno sentirse un gallo que canta por orgullo y, si no

---

[5]Expresión popular argentina, que significa que nadie está libre de padecer alguna contingencia.

tiene nada de que enorgullecerse, se siente un idiota, o un loco como los del manicomio.
Vos sos quien sos, sos como sos, y lo mejor que podés hacer es dejar de preguntarte al respecto, porque es una pregunta del ego y las respuestas que busca no sirven, porque su intención es sentirse importante.
Aceptate, entendete.
– *A veces me siento rígido en relación a este tema.*
– Rígido es el hielo, pero en algún momento se derrite.
La rigidez no es para siempre y puede traer malestar.
Con flexibilidad todo puede arreglarse.
Con flexibilidad la vida es mejor.
Es buena la flexibilidad para poder adaptarse, pero ahora a vos te hace sentir que perdés tus límites, tu seguridad.
¿Seguro de qué? ¿Seguro para qué?
Relajate y seguí adelante.

27 de marzo de 2013

- *Hoy es un día especial porque se cumple un ciclo y se cierran aspectos de otros ciclos.*
Quiero agradecerte por haberme acompañado y estar presente para mis interrogantes y cuestionamientos.
- Nada, no tenés que decirme nada. El mar es azul así como el pájaro vuela y ciertas cosas son como son, no deben ser de otra forma.
El rigpa está ahí, con vos. SOS VOS. No temas entregarte a la verdad de tu Ser, tu verdadero SER.
La calma, la paz y la contención provienen de allí, de aquí, donde vos siempre estás.
Ya no buscás, no hace falta. Ya no necesites nada que no hace falta y sé feliz. Libre y feliz haciendo el bien a los demás.

Sé vos, por vos, para vos. Y entregá todo eso a los demás: BODICHITA[6].
El ego es una ilusión necesaria para vivir en el samsara. Un traje que uno se pone para hacer ciertas cosas y pasar por este mundo. Usalo, cuando hace falta y dejalo cuando ya no sirva.
El mundo está a tus pies. ¿Qué mundo? Si el mundo es como un sueño. No busques más conquistas. Ni siquiera conquistarte a vos mismo. Relajate y entregate a la experiencia de vivir y SER humano.
- *Gracias, muchas gracias...*

---

[6]BODOCHITA: compasión ilimitada, que abarca a todos los seres por igual.

Emociones

19 de agosto de 2005

- Maestro, ¿qué debo hacer para no enojarme conmigo mismo?
- No enojarte con vos mismo.
- Ese tipo de respuestas me enojan.
- Presencia.
Practicar la presencia sin apego.
Relajarte. Relajación sin opacidad.
(El Maestro comenzó a guiarme en un ejercicio de relajación repitiendo: "Relajación sin opacidad" con pequeñas variantes en el tono de su voz.
Sentía como mis músculos se relajaban paulatinamente, pero si comenzaba a perder la presencia, él ponía más énfasis al decir "sin opacidad").
- Gracias Maestro.
(El Maestro sonrió. Su rostro se veía luminoso y con muchísima energía alrededor del cuerpo).

30 de septiembre de 2005

– *Hoy tuve algunas sensaciones desagradables.*
– "De nada sirve un bote hermoso y fuerte que está a dos metros de la orilla de un río, atado a un árbol robusto con una gran soga. Subite al bote y dejá que el río te lleve".
– *Pero el río me puede llevar a cualquier lado.*
– No viajes en cualquier río. Hay muchos ríos. Podés elegir. Este es el río de la vida.
– *Si dejo que la corriente me lleve, puedo chocar con alguna piedra.*
– Todos los ríos tienen piedras en el fondo. Y algunas llegan hasta arriba.
– *Y si el bote choca con una piedra, ¿qué hago?*
– Agarrate fuerte. Y repará el bote si es necesario.
– *¿El bote tiene timón para manejarlo?*
– Sí, tiene. Pero el bote se maneja sólo.
– *No me gusta. Es peligroso.*
– ...Vos sos el bote.

8 de enero 2008

– *Hoy siento que estoy perdiendo la esperanza.*
– La esperanza es lo último que se pierde.
– *Entonces llegué a lo último.*
– No. Esto es el principio de algo bueno. Auto conocimiento. Saber.
Paciencia. Mirá las cosas desde la sabiduría del rigpa. Estás en el camino; todos estamos aprendiendo. No te pasa nada malo, nada terrible.
Tu vida es un tesoro que no se agota. Usálo, gastalo, desparramalo, compartilo.

En el nombre de Buda, dakas[7], dakinis[7] y bodhisattvas[8]: yo, un buda en persona, yo, en el nombre de Dios, sonriendo, alegre, te declaro listo para vivir en paz y ayudar a todos los seres a dejar de sufrir, para que el mundo sea mejor, para terminar con las negatividades...
Andá en paz y orá por mí y por todos los seres.
No pidas más de lo que estás dispuesto a aceptar; y bañate.
Dejá que corra agua por tu cuerpo para limpiar las impurezas del mal y que te limpie de vanos deseos, de querer tener el control y ser el único ego que reine sobre la tierra.
Sos especial, sos importante, igual que todos los demás.
Y eso es bueno.
Da gracias por haber reencarnado como ser humano en esta vida y no la desperdicies.
No hay más.
He dicho todo.
Sabés que te quiero.
– *Gracias Maestro*
– Namasté.

17 de junio de 2008

– *¿Por qué muchas personas no pueden ser felices?*
– Porque la felicidad está al alcance de la mano y lo fácil no les gusta.
El esfuerzo es la base de la felicidad para algunas personas.

---

[7]dakas, dakinis: manifestación de la sabiduría búdica en forma masculina y femenina.
[8]bodhisattvas: personas con alto nivel de realización espiritual que renuncian a la iluminación para ayudar a todos los seres.

Pero cada vez que están cerca la felicidad se corre más lejos, como el payaso que no puede alcanzar su sombrero.
– *¿Son payasos?*
– A veces sí. Pero no saben reírse de sí mismos.
– *¿Y qué pueden hacer para sentirse felices?*
– No pensar demasiado.
Mantener la presencia. Soltar el pasado, el dolor, viejos hábitos y volver siempre al presente.
Mantener la presencia y relajarse.
Dejar descansar el cerebro.
Divertirse.

8 de febrero de 2009

– *La vida a veces tiene acontecimientos desagradables.*
– Sí. Es bueno mantener la presencia, relajarse, sonreír, juntarse con personas sanas que ayuden a reír.
En la vida pasan cosas, buenas y malas, y todas son inevitables.
¡Eso es la vida! Cosas que pasan. Pasan y siguen pasando.
No te distraigas y concentrate en lo importante.
Cuando no hay problema, no hace falta solución.
– *A veces salgo de mi eje, como una bola de nieve en picada que no puede parar.*
– La nieve se derrite. En esencia sólo es agua. No temas a las bolas de nieve y, si las ves como agua, solas se van a desvanecer, antes de formarse.
Tratá de meditar un poco más, sin urgencias. Y seguí aprendiendo a entender qué te pasa, qué sentís, qué querés, para actuar en consecuencia.
Preguntate: ¿realmente quiero ir a tal lugar o hacer tal cosa? Buenas preguntas traerán buenas respuestas.

¿Algo más?
– *No, muchas gracias, como siempre.*

18 de marzo de 2009

– *Te pido que me enseñes a ver la naturaleza de las cosas para estar bien y poder ayudar a las demás personas.*
– Hijo del alba, tu voz no canta y la tristeza invade tu corazón por el mal que hay en este mundo.
Perseverar es el camino, seguir en la búsqueda hasta que reconozcas que no hay nada que buscar. Ya llegaste al camino, sólo queda transitarlo y perseverar.
Misericordia con vos mismo, primero.
Y luego, misericordia con los demás.
Ofrendas y paciencia.
Mientras tanto, ayudar.
Dejá que salga todo lo que está dentro tuyo, que salga para los demás,
no temas quedarte vacío
porque así te vas a llenar.
Dar es tu camino,
practicar y nada más.
Persevera en el sendero
y así podrás llegar.
No busques la felicidad porque ya sos feliz.
Dar, dar y dar hasta vaciarte, para ver que estás lleno.
Lo que guardás dentro tuyo no te deja ver tu Esencia de infinita paz, que es lo que estás buscando.

22 de julio de 2009

– Te consulto sobre el dolor en la vida de los seres humanos.
– El dolor viene y va, como los pensamientos.
El sufrimiento es ilusorio, pero no parece así.
Tenés que subir al tren y viajar, al oeste, para comprender cómo sigue tu camino.

(Me despedí, fui a la terminal de Once y tomé un tren al oeste. Hacía muchísimo frío, casi inaguantable. Cuando volví continuó el diálogo).
– Maestro, vi mucha pobreza en el tren y en las viviendas a ambos lados de las vías. Vi gente buena y trabajadora. Algunas personas muy ensimismadas en sus asuntos sin prestar atención al resto. Comprendí que mi vida iba por buen camino, que tenía una situación muy buena en relación a las cosas materiales como trabajo, casa, comida y abrigo. Me hizo bien salir enseguida a la calle, pese al clima adverso, siguiendo tu indicación.
– La vida es cruel, a veces.
Nos sentimos solos, a veces.
No sabemos qué hacer, a veces.
Y qué importa. La vida sigue, el tren no se detiene, pero al final alguien o algo te espera.
Buscar es encontrar.
Andar no es sucumbir.
Seguí adelante sin aferrarte a las pequeñas cosas de la vida, a los pequeños sufrimientos del momento.
A medida que avanzás, vas entendiendo.
Y así será.

23 de julio de 2009

– A veces no me siento ni mal ni bien y me cuesta conectarme con mi propia alegría.
– El pájaro no vuela solamente por el horizonte, sino que también vuela en casa.
Volar por el cielo es igual que volar por dentro.
Sólo hacen falta dos alas y querer volar.
Algún día flotarás en el aire, como flota el polen que va de flor en flor.
Pero hoy, todavía, la tierra es tu lugar porque tu cuerpo es pesado y no puede elevarse.
Pero tu mente sí, vuela, por donde quieras, por dentro y por fuera. En casa o en el cielo.
Y eso está bien.
Volar no es todo.
Vivir con alegría es lo importante.
La alegría honra a Dios
y a todos los hombres.
¿Qué pasa con tu alegría?
¿Se agotó?
No.
El miedo te está frenando.
Miedo a soltarte y volar,
reír y ser feliz.
¿Por qué?
No importa la causa sino el efecto.
Da tristeza no reír.
Desde ahora, reí tres segundos por día, aunque no quieras, y esto te va a hacer bien.
Relajate y nada más.
Relajate porque sí.
Relajate para estar bien.
Relajate porque yo lo digo.
Y disfrutá, relajado, de lo que se te está dando.
Nada más.

25 de julio de 2010

– *Estoy un poco ansioso, ¿qué puedo hacer?*
– No es la pregunta correcta.
¿Para qué saber qué hacer cuando no hay que hacer nada?
La vida sigue su curso mientras esperás descubrir y saber qué hacer.
NADA.
Pero eso te resulta muy difícil.
¿Cómo no hacer nada? Te preguntarás.
Fácil. Salí a caminar y mirá el cielo.
Lavá los platos y limpiá el piso.
Dbujá, escribí y hacé cosas que te gusten.
Ayudá a los otros de formas muy simples, sin esfuerzo.
Trabajá relajado, sin esfuerzo, dejá que el tiempo te muestre la fuerza que hay en vos. Pero esa fuerza no es para "salir a la vida", porque ya estás en la vida.
De a poco, sin estrategias, sin planearlo te vas sumergiendo en la vida, dejás que ella te envuelva y, así, habrás dado vuelta esta página en tu vida, sin darte cuenta.
Es bueno invitar gente a tu casa, tranquilo, cuando quieras, a quien quieras. Pero no empieces a invitar a todo el mundo.
Salí a caminar ahora y estarás bien, con mi bendición para vos y los tuyos.
Divertite. Sorprendete con las cosas simples y pequeñas.
No te dejes vencer. Relajarse no es tirarse en la cama y permanecer pensando.
Relajarse es tener fresca y limpia la mente y el cuerpo para estar bien.
Salí a la calle. YA.

4 de marzo de 2011

– *¿Qué podés decir a las personas que se sienten mal emocionalmente hace mucho tiempo?*
– El corazón late, como siempre, pero su alma está opaca hace un tiempo.
La mesa está servida pero ignoran los manjares que hay.
¿Por qué no aceptar aquello que la vida ofrece?
Sólo toman una parte e ignoran el resto.
¿Por qué?
Inspiren profundo por la nariz, hasta que sus pulmones se llenen de aire, y exhalen con ruido, en forma continua, por la boca.
Tres veces por día, hasta que se sientan bien y hayan expulsado los demonios del pasado de su cuerpo y mente.
Porque por allí andan rondando y oscurecen la visión, impidiendo ver lo maravillosa que puede ser la vida si sólo se relajan y dejan ir lo que fue, para estar libres y tomar algo de todo lo que la vida ofrece ahora y no pueden ver.
Deseo que su alma se sane y estén en paz.
Que tomen la felicidad que siempre está cerca y comiencen una época diferente en su vida para empezar a vivir, de nuevo, una vida mejor.

22 de abril de 2011

– *Me sentí ansioso durante el día.*
– La ansiedad es un signo de muchas cosas antiguas que se juntan y se mezclan.
No deberías prestarle tanta atención.
La sábana blanca se ensucia con la mugre de los pies, como el ánimo con los pensamientos negativos repetidos.
Es difícil cambiar, lo sé.

No hay que correr los velos. Hay que desear ver la verdad, para que los velos se corran solos. Desear sin miedo a la verdad y la verdad aparece, se revela.
Soltar, confiar, aceptar que la verdad que estás buscando es una verdad sin forma, fuera de los parámetros conocidos, no se puede medir ni calcular, por eso, algunos la llaman "la nada" o "vacía".
Estos términos engañosos te han confundido, porque las palabras son pobres para explicar la verdad que no es conceptual, que está más allá de las palabras.
Claro, esto te desconcierta, que haya una verdad más allá de las palabras. Pero, ¿qué pasa con el inconsciente? ¿Qué pasa con el amor?
Inconsciente, amor, la verdad única, están más allá de las palabras.
¿Por qué no te entregás al conocimiento de la verdad?
¿Por qué te asusta perder el control? Me dirás que querés seguir dentro de lo conocido.
A esta altura, sabés por experiencia que ningún ser humano puede controlar el samsara, lo impermanente.
Ya sé, otra vez me dirás que estás de acuerdo pero, aún así, no podés relajarte y terminar de aceptar lo verdadero.
Aquí es donde muchos podemos ayudarte, y lo estamos haciendo, pero el cambio está en tus manos.
¡Qué suerte, podés tener el control de algo! ¡Al fin! Podés controlar el des-control; sin control.
Podés tomar la decisión de parar de tratar de controlar lo que no se controla. Y entregarte a la vida, a la verdadera vida, y al conocimiento, al verdadero.

Soltá tu cuerpo, tus medias, tus creencias, tu casa, tus recuerdos, tus logros, tus hazañas, tus hojas, tus libros, tus velas, tus escritos, dejá, dejá y dejá todo eso, porque ya no lo necesitás, aunque podés seguir teniéndolo. No, teniéndolo no, porque soltar es "no tener", no poseer, pero podés, por

ejemplo, seguir usando un libro, un lápiz, pero con desapego, aceptando que no es imprescindible.
Ya conocés la teoría sobre la verdad y la viviste un poquito pero te falta vivenciarla totalmente...

Veámoslo de otra forma.

Objetivo: vivenciar la verdad, conocer lo verdadero y aceptarlo.

Plazo: el necesario.

Esfuerzo para lograrlo: ninguno.

Costo en pesos: cero.

Obstáculos posibles: todos, pocos o ninguno.

Recursos para lograr el objetivo: relajarte, meditar, no esperar algo en particular, aceptarte como sos y aceptar lo que te toca vivir porque vos querés vivir esto y elegiste este camino.
A veces, un poco de paciencia.
A veces, mucha tolerancia, sobre todo con lo que pensás y sentís.

Resultados esperables: saber aquello que tanto querés saber, vivir más relajado, sentir tranquilidad, ecuanimidad y paz interior.
Poder transmitir todo esto a otras personas.

Ahora, te deseo paz, paz interior para vos y todos los que están viviendo algo similar.

1 de noviembre de 2013

– *Estoy muy tranquilo, me gusta mi vida.*
– Disfrutá tu tranquilidad y hacé las cosas como gustes.
– *A veces me enojo, más de lo que quisiera.*
– Ese enojo es el espejo de tu exigencia.
Soltar las expectativas es el camino.
Soltarlas en todo.
Sin expectativas con vos ni con los demás.
Sin expectativas sobre los objetos o cualquier fenómeno[9].
Vivir feliz, tranquilo, con simpleza, sin esperar algo particular.
¿Algo más?
– *No, gracias.*
– Namasté

31 de enero de 2014

– *¿Qué puede hacer el ser humano para sentirse plenamente feliz?*
– Plenamente feliz no existe. ¿Qué es la felicidad sino una ilusión más?
Qué es la felicidad que buscan los hombres sino otro engaño del ego que quiere aferrarse a lo que le parece bueno en ese momento.
Así es. Ya no querés pagar precios o peajes en la vida, pero siempre hay que hacerlo si uno se aferra a este mundo ilusorio.
Que tu alma sea como un ave que levanta vuelo y disfruta con el sol y el aire. Que tu mente se eleve para ver las cosas

[9]fenómeno: nuestros pensamientos y lo que percibimos a través de los sentidos.

desde arriba en un vuelo que no deja huellas en el cielo. Y sigue así, sin crear historia. Cada instante es nuevo, comienza y termina allí mismo sin poder mirar pasado alguno porque no lo hay.
Presente es todo lo que tenemos y conectarte con el presente es lo que te mantendrá vivo y en paz, para siempre.

Y así será, para todos los hombres que quieran cultivar el espíritu y ver más allá de lo que los ojos no entienden y por eso no pueden ver.
Te amo.
Cuidate
Namasté

28 de junio de 2014

– *Maestro, tengo dolor de columna hace un tiempo y otras molestias que aparecieron con la edad. Hoy me siento triste por eso.*
– La tristeza es por el cuerpo que se va y el cuerpo por venir.
Es un cambio, un buen cambio, necesario, lógico. Inevitable.
La tristeza es por el ego que se va y el Hombre por venir.
Es un cambio, un buen cambio, necesario, lógico. Evitable: podés no hacerlo. Pero, ¿cómo detener la bola de nieve que se desliza por la montaña?
La tristeza es como el viento. Que viene, sopla tu rostro y tu cuerpo y se va, sin dejar rastros o dejando huellas leves por un tiempo. A veces deja el recuerdo y es el recuerdo quien te daña, cuando en realidad no está pasando nada.
Muchas personas sufren o se alegran por los recuerdos.
Vos también. A veces.

Es imposible detener el viento. Aunque a veces, todavía, trates de hacerlo.
La actitud correcta es aceptar los vientos de la tristeza, dejar que rocen tu cuerpo y sigan de largo. NO HACER NADA PARA ATRAPARLOS, por ningún motivo consciente, inconsciente, o como la ciencia lo pueda llamar.
Olvidar el viento.
Dejarlo pasar.
Perdonar al que recuerda y todavía no sabe olvidar.
Tendé la mano y esperá, sin expectativas, mientras hacés las cosas de tu vida.
Tendele tu mano derecha a tu imagen en el espejo y apoyá la mano izquierda en tu corazón.
Sólo eso, y nada más.
Paz para tu alma y la de todos aquellos que están intranquilos hoy.

17 de septiembre de 2014

– *¿Qué podés decirme sobre el enojo?*
– El enojo es como la cascada de agua que cae. Porque el enojo "cae" y se desliza sin poder detenerse.
¿A quién le sirve, a quién le hace bien?
A nadie. Sólo hace daño a quien lo siente y a quienes están a su alrededor.
Pero enojarse es habitual.
¿Qué hacer entonces?
Primero, aceptar que sos una persona y las personas se enojan.
Luego, si el enojo es muy grande, conviene hacer una descarga física porque hay sustancias circulando por el cuerpo que no es conveniente que se almacenen y queden

estancadas. El movimiento, la descarga física (que no debe provocar daño en tu cuerpo y nunca sobre otros seres vivos) ayuda a eliminar las sustancias ligadas al enojo.
Luego podés ver al enojo como un amigo, un maestro que te enseña lo que no hay que hacer: enojarse.
Entonces te preguntás, ¿por qué me enojo? ¿Así se resuelven las causas del enojo? ¿Realmente me siento mejor al enojarme? ¿Mi vida mejora? ¿Mejora la vida de otros?
Las respuestas son evidentes.
Entonces, al comprender la inutilidad del enojo sabés, racionalmente, que enojarse no ayuda y hace daño.
Ese es el momento para ver que el enojo no es algo sólido y soltarlo. Como un árbol suelta sus hojas en otoño.
Usá el enojo como sendero para ver lo inútil y vacío de las emociones negativas y conectarte con la presencia que te lleva a la esencia de tu Ser.

No lleves tu enojo a ningún lado.
Dejalo y seguí de largo.

23 de abril de 2015

– *Hoy me desperté contento y un rato después no me sentía tan bien.*
– La mañana trae novedades, esperanza, desaciertos y desdichas.
También trae alegría, pero todo eso es construido.
Vos podés despertarte con la alegría innata que está en tu interior. Sin esperar ni necesitar que la mañana te traiga algo.
Así, no recibirás alegrías, pero tampoco desdicha. Ni nada que te impacte e influya en vos.

La alegría del practicante es innata, permanente, incondicional, no se corrompe ni desaparece.
La alegría que sentías esta mañana es condicionada, impermanente y desaparece, más tarde o más temprano.
Podés llamar a las cosas como quieras y adherirte a ellas.
Podés no ponerles nombre, relajarte y vivir, simplemente vivir y seguir adelante. Alegre porque sí, sin razón, sin motivos.
Buscar la alegría que se fue te aferra a un mundo de apegos y dependencia de lo externo.
La vida trae dolores, físicos, emocionales y mentales.
Seguí la vida del practicante, sin esperar más que lo que se te va dando y llega a tu corazón.

1 de noviembre de 2015

– *Maestro, por qué las personas sufrimos y nos preocupamos por todo aquello que el budismo llama samsara.*
– La pierna izquierda no anda bien sin la derecha.
Los niños juegan solos y acompañados.
Todo está bien. No hay que juzgar.
¿Por qué juzgarte a vos mismo?
¿Por qué pensar que tenés que sentir o vivir de una cierta manera?
¡Ah! si pudieras dejarte en paz, hijo mío.
Si pudieras aprender a volar sin alas y ver el horizonte desde abajo, sin necesidad de volar.
Tus viejos patrones de pensamiento y conducta se han ido refinando pero reaparecen permanentemente y no te dejan estar en paz.
Pero no te preocupes, eso les pasa a todas las personas.
El Yo necesita una forma de pensar y actuar para manejarse

en el mundo. Si no, todo le resultaría difícil y tendría que aprender y re inventarse cada día, cada mañana.
Sin embargo, si pudieras, hijo querido, soltarte un poco más.
Sin juzgarte y sin planificar.
Soltar los pensamientos y patrones viejos de conducta.
Y volar.
Aunque sea desde el suelo. Allí donde estás. Volar. Soltar y volar. Con el pensamiento y el corazón. Ser libre. Sentir la libertad de vivir.
Soltar.
Volar.
Volar...

Inhalá profundo. Llenate de aire. Sentí el espacio que se genera en tu interior.
Cerrá los ojos.
No te aferres a pensamiento alguno.
Simplemente hacé esto. Sin medir el tiempo. Sin obligación y sin esperar resultados...
Inhalá
Sentí el espacio
No te aferres...

Inhalá.
Sentí el espacio.
No te aferres...
Y ahora, hacé lo que quieras. Sin juzgar, sin planificar.
– *Gracias. Me siento bien*
– Ya lo sé.
Namasté

3 de noviembre de 2015

– *Maestro, ¿por qué las personas pasamos por momentos de malestar emocional?*
– El samsara viene con inestabilidad emocional. Es una marca del ser humano.
Pero las variantes no suelen ser muy grandes (enojos o tristeza por cuestiones cotidianas, celos, etc.). Todo está movido por el deseo y el apego. Y vos no estás fuera de eso. Es normal, hay que aceptarlo relajado y dejar que pase.

25 de febrero de 2016

– *Hay días en que la ciudad me resulta violenta y eso me genera tensión.*
– La semana es larga cuando no tenés paciencia para esperar.
La semana es difícil cuando la mente está distraída, o sólo concentrada en los padeceres de la vida.
Cada semana es difícil si no se vive con alegría y plenitud.
Entonces, ¿qué hacer?
Nada...
Nada es relajarte, no pelear con la realidad, aceptar lo que sucede.
No estar pendiente todo el tiempo de lo que te pasa.
Relajar el cuerpo, la mente, y soltar los pensamientos que surgen, porque atender los pensamientos de enojo y hartazgo implica enojarte, tensarte.
Es difícil, ya lo sé. Muy difícil. Pero ese es el mejor camino en este momento.
Hay cuestiones del karma que no pueden evitarse, a menos que hagas muchos méritos y prácticas de purificación.

Relajate
en paz
meditá y estarás bien.

Impermanencia

27 de noviembre 2013

– ¿Qué podés decir a la gente mayor que tiene limitaciones físicas?

– Las limitaciones son mentales, de conciencia. El resto es puro cuento. Es la idea adolescente de que todo será igual, o mejor, por siempre.

La impermanencia a veces duele.

Pero la impermanencia siempre está presente. En los grandes, viejos, chicos, jóvenes.

El mundo y la vida son impermanentes. ¿Por qué esperar que fueran de otro modo?

Los años pasan y el cuerpo no es igual, es cierto, se desgasta.

Los años pasan y el conocimiento no es igual, es cierto, aumenta.

Los años pasan y la sabiduría no es igual, es cierto, aumenta.

Los años pasan y la experiencia no es igual, es cierto, aumenta... Muchas capacidades aumentan mientras el cuerpo se desgasta; no parece tan malo. ¿Hay más pérdida o ganancia? Si su sabiduría aumentó con los años, saben la respuesta.

30 de junio de 2015

– *Terminó una etapa y siento algo nuevo. No sé qué es.*
– Pocas cosas son como antes.
Muchas cosas han pasado, guerrero del alma, para conocer y aprender.
En estos días algo termina y, cuando eso sucede, algo empieza, como siempre.
– *No sé qué hacer, qué decir.*
– Nada. Callar y oír el silencio.
No es necesario completar el vacío.

Porque lo que es, simplemente ES.
Soltá el barco y dejalo ir libre por el océano.
Tu camino es ir libre hacia el poniente, donde el sol se oculta para algunos y se muestra para los demás, los que están del otro lado.
¿En qué lugar estás?
En ambos a la vez. Atardecer (de una historia) y amanecer (de una nueva historia).
Guerrero, navegante que dejó su barco, mirá hacia el poniente y, cuando quieras, muy suave, comenzá a caminar.

3 de agosto de 2015

- *¿Qué podés decir a quienes los cambios les producen inseguridad?*
- Nada puedo decirles que ya no sepan.
El niño nace y vive en la cuna, mientras tiene sentido hacerlo.
Pero llega un día en que abandona la seguridad (ficticia, por supuesto) que le brindaba estar en ese lugar.
Están dejando un lugar de seguridad, y eso es bueno porque permite crecer, madurar, evolucionar y ser personas de bien.

Personas que conocen su Ser y lo transmiten a otros.
Personas que pueden ver el Ser en los otros.
Y comprenderlos.
Y ayudarlos.
Sigan su camino, viajeros del tiempo.
Mientras haya tiempo y algo por hacer.
Cada día sale el sol y cada amanecer es un nuevo despertar.
Para ver lo que hay en la vida y el mundo.
Para ver lo que se les ofrece y elegir qué tomar de todo lo que hay.
¡Figúrense un mundo sin opciones!
Pero no es así. Cada nuevo día pueden elegir qué aprender y qué persona ser.

Vos, hoy ya elegiste. Y por hoy no elijas más.
Hoy ya pasará.
Sé una buena persona, principalmente con vos, y dejá que el día pase. Mañana ya vendrá. Mañana ya será y, a la mañana o durante el sueño, otra vez podrás elegir.

Meditación

5 de agosto de 2005

- *¿Por qué tengo dificultades para encontrar un momento para meditar?*
- Por desorden, desorganización y distracción.
- *¿Qué puedo hacer para remediarlo?*
- Ordenarte, organizarte y concentrarte.
- *¿Debo meditar todos los días?*
- Sí. Pero vos ya meditás todos los días durante el día, aunque no te sientes a practicar, cuando estás presente, consciente del ahora.

22 de abril de 2006

– *A veces me siento a meditar y mi mente es un continuo desfile de pensamientos que vienen y siguen de largo.*

– La mente es como un zorro que va al gallinero atraído por su deseo . . .

Seguí practicando.

24 de noviembre de 2006

- *¿Cuánto tiempo hay que meditar?*
- Meditá el tiempo que puedas, sin exigirte, todos los días si es posible.
Viví en el samsara tratando con hombres, mujeres, jóvenes y niños.
Debés plantar la semilla (que sos vos) en el samsara, para poder llegar al cielo.
El samsara es la tierra fértil, es el mejor lugar para desarrollarte y, desde allí, crecer espiritualmente.
La joya que está en el fondo del río, sólo se encuentra lanzándose al agua.

24 de febrero de 2011

– *¿Por qué me cuesta encontrar el rigpa?*
– Tu mente tiene un lado oscuro, como todas las mentes, y se distrae, se pone ansiosa, y vuelve a diálogos internos ya conocidos.
La meditación es para entrenarla y cambiar los hábitos.
– *Hace años que medito y las mejoras que logré no me parecen proporcionales al tiempo y el esfuerzo.*
– ¿Cuál es la medida, con qué medís tus logros?
– *Con la ansiedad por superar ciertos obstáculos.*
– La ansiedad es el veneno que te carcome por dentro.
¿Cómo evitarla? ¿Cuál es el antídoto?
Continuar meditando, poco tiempo pero haciendo un mayor esfuerzo por concentrarte. Pero es un esfuerzo sin esfuerzo, sin forzar ni exigirte nada.
Es poner una firme intención de mantener la presencia durante el rato que dure la meditación.
– *Me desconcentro fácil o me da ansiedad por terminar.*

– Sí, esos son los obstáculos que debés superar haciendo lo que te dije.
– ¿Qué pasa con la ansiedad? ¿Qué necesito para resolver ese tema?
– Estar ansioso por resolver la ansiedad sólo la hace más fuerte y duradera.
Paciencia, relajate, mantené la presencia cuantas veces puedas.
El tiempo y la práctica resuelven esto.

18 de agosto de 2013

– Estoy mejorando en la meditación pero me falta paciencia para esperar mis progresos.
Me pongo de mal humor muy seguido.
– Muchos temas se repiten, y es habitual en las personas.
Tranquilo, no te canses de vos ni de los temas que reaparecen. Nunca, nunca seas tu crítico o enemigo.
Aceptación y paciencia.
Nada de exigencia en la búsqueda espiritual ni en el logro de tus metas.

3 de diciembre de 2013

– Aunque medito todos los días, me cuesta comenzar. Sin embargo, cada vez sostengo mejor la presencia durante el día, fuera de la meditación formal.
– Creo que deberías estar meditando en vez de hablar conmigo y encontrar tus respuestas en tu propia Esencia.

Para qué necesitás que alguien te guíe si tenés tu propio buda.
La intuición te permite conectarte con tu Esencia y seguir tu propio camino sin que alguien te lo muestre o te lo diga.
Tranquilo y relajado, sin tristeza y con alegría. Así la vida pasa porque así es la vida. Hasta el final de los tiempos lineales en que llegará la iluminación, ojalá, para todos los seres sensibles.
Andá a meditar tranquilo, sonriendo y en paz.

9 de diciembre de 2013

– *Hace unos días, cuando voy a meditar me disperso, doy vueltas y no comienzo.*
– Comenzaste el día que empezaste a meditar. La presencia hay que sostenerla mientras sea posible (y lo recuerdes).
No hay un método para sentarse a meditar. Simplemente empezá. No busques un estado o situación especial.
Amablemente, sin presionarte, sentate, comenzá y observá lo que sucede. Eso será tu práctica de meditación en ese momento, ese día.
Sin expectativas ni exigencia, comenzá con lo que haya en ese momento, por ejemplo ansiedad, distracción y muchos pensamientos.
Todo lo que surge, sirve.
Vos observalo y soltalo sin modificar, sin apego.

7 de enero de 2014

– *Mi mente está muy agitada. Me cuesta meditar porque me impaciento.*
– La mente siempre se agita, y luego se calma si uno la deja en paz, sin agitarla, sin modificarla, sin tratar de arreglar el mundo externo en la propia mente.
Soltá, relajado, con alegría y en paz. Simplemente soltá lo que aparezca.
Meditá sin expectativas y volvé a sostener la presencia cada vez que lo recuerdes; sin exigirte, sin esperar nada.

15 de enero de 2014

– *Tengo problemas para sentarme a meditar. Muchas veces mi mente está intranquila, me impaciento.*
– No hay más que hacer que seguir con lo que estás haciendo.
Tu mente se va a tranquilizar (cuando lo permitas); mientras tanto estás aprendiendo.

3 de marzo de 2014

– *Doy vueltas para sentarme a meditar, aunque mi presencia durante el resto del día ha mejorado muchísimo.*
– ¡Qué divertido es dar vueltas y perderse en el vaivén de la vida!
Si sigues dando vueltas podrás divertirte mucho o marearte. ¿Qué preferís? Sin embargo no hay que elegir lo que a uno

más le gusta; hay que vivir, simplemente transitar la vida con amor y compasión (por otros y por vos).
La meditación no es un castigo. El castigo es querer vivir de una cierta forma, considerar que si hacés las cosas de cierto modo está bien y si no, está mal.
Soltá y date libertad para vivir naturalmente, siguiendo tu verdadera Esencia.
El mundo es simple, la vida es fácil. Pero la gente suele complicarlo y complicarse.

21 de mayo de 2014

– *No estoy pudiendo meditar.*
– Meditar no es sentarse a mirar el techo o la pared. Meditar es estar presente en todos los eventos del día. Meditar es centrarte en el ahora. Para meditar hay que estar presente y nada más.
No te exijas hacer ninguna práctica porque te juega en contra. Te sirve más no hacer algo que hacerlo con exigencia y sin ganas.

6 de febrero de 2015

– *¿Podés darme instrucciones para la meditación?*
– Seguí observando el fluir de la mente, sin intervenir.
Nada más.

Pareja

26 de abril de 2010

- *Maestro, ¿podés decirle algo a las personas que están en pareja?*
- ¿Por que las cosas deberían ser siempre como uno quiere? ¿Para qué?
La vida sigue su marcha y ustedes pueden marchar juntos, concentrados en la marcha y no en cada piedra del camino. Porque si uno mira sólo la piedra y se olvida del camino, la piedra parece una montaña. Pero sigue siendo piedra.
Entonces, el camino es lo que importa.
Y en este caso, el camino que recorren juntos.
¿Para qué sirve tener razón?
¿Para qué sirve reclamar al otro lo que uno quiere?
El mundo nunca será totalmente igual a lo que cada uno de ustedes quiere.
Pero, a veces, pueden compartir un mundo íntimo, personal, un refugio para ambos, amable y duradero, en el cual sentirse muy bien y gozar la felicidad que los envuelve.
¿Y qué pasa fuera de esos momentos? ¿Qué pasa cuando llega la noche?

Hay que saber que el día y la noche son ciclos, y por lo tanto, pasan.
Pueden vivir, aprender y ser felices en cualquier circunstancia (el día o la noche) y estar muy bien, cuando están juntos y cuando no lo están.
Estar en pareja no es para dominar al otro ni convencerlo que sea como uno quiere.
La pareja es emparejar, ir uno al lado del otro y subir, subir la escarpada hasta donde pueden, juntos, y descansar y seguir subiendo.
Pero siempre, para estar mejor, para evolucionar.
Relajados y en paz.
Juntos. Nunca en contra del otro.
Riendo. Nunca a costa del otro.
Amando. Siempre al otro.
Al lado del otro, sin agarrarlo, sin atraparlo, respetando su libertad para ser quien debe ser, para hacer lo que tiene que hacer.
Acompañando, ayudando, sin molestar, pero siempre cerca para atender al otro en sus necesidades y sus urgencias. Sin molestar ni estorbar su camino personal.
Pero a la par. Uno ayuda al otro, uno para el otro, pero respetando su individualidad, sus gustos, su camino y su manera de ser.
Esto es lo que yo digo.
Esto es lo que pueden hacer, si quieren.
Y vivir en paz y ser felices para siempre, siguiendo la Esencia de cada uno, pero juntos.
Para siempre, porque sí.

13 de julio de 2011

– *¿Puedo hacerte una pregunta?*
– ¿De qué querés hablar?
– *De la relación entre hombres y mujeres.*
– Hombres, mujeres. Otro de los temas repetidos.
El mundo está hecho para el hombre y la mujer. Para no estar solos y tener todo lo que hay. Pero no siempre saben usarlo (lo que hay). A veces lo rompen, lo dañan y se lastiman a sí mismos.
La naturaleza, el universo, forman parte de un gran conglomerado que integra un enorme e infinito equilibrio galáctico que supera las posibilidades de comprensión del ser humano (aunque algo imagina, pero no lo entiende).
El hombre y la mujer no son uno. No son uno para el otro. No es cierto que no son nada uno sin el otro. Pero forman parte de esa enorme unidad de la que te hablé recién.
Son similares, en cuanto a conciencia espiritual se refiere. Tan similares como un hombre con otro hombre o las mujeres entre sí.
Por el equilibrio de la naturaleza y la continuidad de la especie, tienen algunas partes diferentes para unirlas cuando conviene y realizar la tarea de la reproducción de la especie.
Pero a veces confunden esta tarea y piensan que no son nada el uno sin el otro.
No es cierto.
Pueden vivir el uno sin el otro y el uno con el otro. En realidad, siempre están con el otro y con los otros, en comunidad y en el mismo planeta. Pero a veces parece que no lo pueden ver y se sienten solos.
Aquí, allá, más cerca, más lejos, ¿qué diferencia hay? ¡Cuánta confusión en sus mentes al respecto!
Pasan mucho tiempo tratando de aclarar dilemas que no existen y cosas que no importan.
En fin, por algo será. (¿Será por algo?)

Preguntas sobre Margarita

5 de agosto de 2011

– *Conozco una mujer mayor, llamada Margarita, que hace poco está en un hogar de ancianos y no se siente muy bien porque la gente y sus temas de conversación le resultan muy simples.*
– Simple es la vida del que la quiere hacer simple.
Simples son las hojas de otoño, cayendo al suelo.
¿Qué problema hay con la simpleza?
¿Qué queremos obtener cuando esperamos algo más complejo?
Nada. Nada de lo que buscamos tiene sentido, porque en la vida, las cosas aparecen y se presentan ante nuestros ojos, y nosotros podemos verlas o no.

¿Qué habrá en el hogar de ancianos para descubrir?
¿Quién tendrá sabiduría y una hermosa vida para compartir?
Lo bueno, lo importante, puede venir en distintos tipos de envases: grandes o chicos, lindos o feos y así puede presentarse, de muchas formas.
¿Acaso te parece que la forma es lo importante?

Margarita, mirá a tu alrededor, mirá con nuevos ojos y vas a ver.
Y podrás aprender, mucho, si vos querés.
Disfrutá esta vida, que es buena más allá de los envases.

15 de enero de 2012

- *Margarita me contó que le resulta difícil aprender a meditar.*
- Meditar es fácil.

Cerrás los ojos y prestás atención a la respiración tres minutos.
Cada vez que aparece un pensamiento, volvés tu atención a la respiración.
Esto sirve para aquietar tu mente y encontrar el silencio interior en el que aparece tu propio maestro.

16 de enero de 2012

- *Margarita se siente incómoda en el hogar de ancianos.*
- Quiere que el mundo cambie y algunas cosas se transformen según su gusto.

Como decía Gandhi, la transformación del mundo comienza haciendo cambios uno mismo.
Hay muchas formas de vivir, diferentes, y todas son correctas.
La mariposa, como puede volar, ve algunas cosas distinto que ella.
La lombriz, como puede ir por la tierra, ve algunas cosas distinto que ella.
Distinto es diferente, pero no es mejor ni peor.

Igual que la mayoría de la gente, se aferra a su historia y su punto de vista.
Le haría bien darle menos importancia a las diferencias y soltar lo que le incomoda.
Sus cosas están bien si las mira con simpleza.

25 de enero de 2014

– *Margarita necesita consejos para este momento de su vida.*
– Este es un momento único en su vida, nuevo, y hay que actuar con formas nuevas en su mente y su corazón.
No es el mundo quien tiene que cambiar. Ella tiene que cambiar su forma de ver el mundo, las cosas y la gente.
¡Que vaya alegre por la vida! Todo puede estar muy bien.

24 de mayo de 2014

– *Margarita dice que le cuesta elegir entre dos opciones.*
– El destino del ser humano es de muchos colores y no siempre podemos elegir de cuál.
A veces, conviene mirar por la ventana y ver los colores del mundo para saber qué color darle a la vida.
El tiempo pasa y las cosas ya no son como antes.
Por suerte, muchas veces no son como antes.
¿Por qué no mirás por tu ventana y ves los colores de la vida?

6 de abril de 2016

– *Margarita se siente mal en el hogar de ancianos. Quiere mudarse a otro lugar.*
– Yo le diría lo siguiente:
Tu lugar no es aquí o allá.
Tu lugar está en el mundo, en este mundo.
La vida, lo que te queda de vida, puede ser simple y hermoso para vos.
No te precipites y elegí lo que quieras, sin pensar que el lugar cambiará algo importante dentro tuyo. Porque vos sos vos, aquí o allá.
Debés reflexionar con calma y en silencio, para sacar tus conclusiones y decidir con la cabeza (la lógica), las emociones (el corazón) y no actuar por impulso.

Es necesario un cambio interno para que tenga un efecto verdadero el cambio de lugar.
La vida viene y va y los lugares también.
Lo permanente es la esencia del Ser.
La aventura del camino no terminó.
La evolución pide más evolución y es muy tonto no hacerlo.
Margarita: la vejez no da derecho a tirar la toalla y dejar de ser feliz.

20 de abril de 2016

– *Margarita decidió quedarse en el hogar de ancianos. ¿Te parece bien?*
– Siempre supo lo que quería y a dónde ir. Pero ahora, a veces no sabe.
¡Qué bueno es no saber! O darse cuenta que uno no sabe y aceptar su ignorancia.

Pero hay que aceptarla de una manera activa. Haciendo algo para saber.
¿Parece que el ego es el problema?
Todos los egos traen problemas y ayudan a sanar y crecer.
Pero sin ego no hay vida, no hay humano.
A partir de ese ego podemos evolucionar. Pero hay que moverse para lograrlo.

Relaciones sociales

6 de junio de 2011

– *Qué podés decir a las personas que se sienten aisladas de los demás.*

– Nunca están aisladas. Viven en el samsara y comparten el mundo con muchos seres.

Estar con otras personas, sólo por estar y compartir el momento, es bueno, saludable y puede ser trascendente y muy enriquecedor.

Cuando la gente se junta, las energías se funden y combinan pudiendo crear una corriente simpática que los ayuda a trascender el samsara y estar más allá de las fronteras jamás imaginadas por el hombre.

Ser, es estar en el mundo, solo y con otros, juntos o separados, pero siempre compartiendo el samsara.

6 de diciembre de 2012

– Maestro, algunas personas han venido a alojarse por una semana en mi casa. Me alegra, pero me resulta difícil acostumbrarme.

– Es difícil convivir con el karma, propio y de otros. Pero el Hombre sabio sabe o aprende a hacerlo. ¿Y quién no es sabio?

El karma es el resultado de innumerables vidas y condiciona el presente. Nada está escrito, pero hay tendencias, posibilidades.

Sin embargo, no todo es karma. Tus actos y decisiones del presente son fundamentales.

Y ahora estás donde te llevó (o te trajo) la vida, tu vida: producto del karma, de tus acciones y decisiones.

Aquí estás. ¿Cómo ibas a estar en otro lado?

Es momento de ser gentil y amoroso con todos, lo cual te incluye. Ese es el camino de hoy.

¿Estás con otras personas? Pasala bien, disfrutalo y divertite. ¿Qué más?

¿Por qué tendría que haber algo más, si la vida es simple y el secreto está en las pequeñas cosas?

No hay más. No busques más. Esta es la vida ahora. Vivila y si algo cambia te adaptarás y si hay que cambiar algo, lo cambiarás.

Confiá en vos y tus decisiones. No busques dificultades mayúsculas donde no las hay.

18 de junio de 2013

– Maestro, qué podés decirle a las personas que se sienten diferentes a los demás.

– Diferentes son los pájaros de los gusanos. Diferente es la

vida de la muerte. Diferente es un hombre que ama de uno que odia. Y, sin embargo, somos todos parecidos, habitantes del samsara.
¿Qué nos hace diferentes?
En realidad NADA.
Nunca somos diferentes, aunque siempre podemos sentirnos diferentes (peores o mejores, por ejemplo).
Sentirse diferente suele ser un anhelo del ego, porque considera valioso sobresalir; por lo bueno o malo, por estar sano o enfermo, por ser más chico o más grande.
¿Quién dijo que alguien es diferente?
Las partes que forman su cuerpo son iguales a los demás: sangre, músculos, huesos, intestinos, cerebro, conciencia, etc. No hay nada que lo haga diferente.
Pero se siente diferente, aunque sea para pasarla mal.
– ¿Qué podés decir a las personas que se sienten incómodas al estar entre mucha gente?
– Estar en medio de multitudes no es bueno para nadie. Estar con gente sí es bueno.
Hay que seguir soltando los deseos egoicos que frenan el aprendizaje y bienestar.
Cuando están con gente, hay que sostener la presencia, en el ahora, sin objetivos, sin nada que lograr, sin nada que demostrarle a los demás, sin desesperarse por ser uno entre varios y pasar desapercibido. Todas son mañas del ego y hay que seguir aprendiendo a soltarlas.
Relax, mucho relax, respirar profundo y soltar las expectativas. Así el mundo, es un mundo mejor.
Disfrútenlo.

Salud

25 de enero de 2008

– *Te pido un consejo para las personas que están mal de ánimo porque tienen un dolor físico hace mucho tiempo.*
– No hablen mucho de lo que les pasa.
Busquen paz en su interior.
Estar tranquilos. Practicar meditación y sentir el amor incondicional.

11 de julio de 2010

– *Hoy anduve mal de salud.*
– No te sentís mal, vos querés estar 10 puntos todo el tiempo y eso no es posible.
Estás equivocado sobre lo que es estar bien y mal.
Bajá tu expectativa.
Las cosas son más simples.
Estar bien es algo más simple.
Estar sano no es ausencia de dolor y malestar.

Mientras tanto se te escapa la vida buscando un bienestar que no existe.
Bienestar es alegría y paz interior. Aceptar lo que hay con simpleza no es conformismo.
No estés todo el día tratando de estar bien y mejorar porque eso hace, al final del día, que te sientas mal.
Volvé a ser como un niño que se asombra con lo cotidiano (el aleteo de un pájaro, por ejemplo).
Sos una persona tratando de aprender y mejorar. Y te gobierna tu ego, por supuesto. Cómo iba a ser, sino.

Temas varios

6 febrero de 2005

- *Hoy vi unos chicos que se preguntaban cómo sería el sándwich perfecto.*
- La perfección no existe.

27 de febrero de 2006

- *Sobre los hijos, ¿qué podés decir?*
- Hay que derramar amor sobre ellos.

Están buscando su camino y, como toda la gente, lo van a encontrar.

Hay que apoyarlos, ayudarlos a ser felices y sonreír, porque la vida es hermosa y más aún si la vivimos sonriendo.

El río sigue su curso.

14 de agosto de 2007

- *¿Qué hay que hacer cuando un hijo sufre?*
- Que crezca, que aprenda, que sufra.
- *¿Por qué dejarlo sufrir?*
- El sufrimiento lo hace crecer, lo hace madurar.
- *¿Cómo ayudarlo?*
- Comprensión, acompañarlo, estar con él cuando lo pida.

18 de agosto de 2010

– *¿Qué puedo hacer en mi cumpleaños?*
– Lo que quieras.
Cumplir años (qué más da), estar tranquilo y pasarla bien.
No fuerces nada.
No hagas lo que te parece que "debés hacer".
Sin forzar.
Es un día más.
Es inexorable cumplir años.

24 de diciembre de 2012

– *Maestro, a veces me parece que la vida es muy lineal.*
– No hay líneas en la vida, ni rectas ni curvas.
No hay vida más tranquila.
No hay nada. Nada de nada.
Nada a qué aferrarse, nada que juzgar, nada que hacer ni seguir haciendo.
Nada.

La opción mejor, es ver que no hay opciones.
No hay que elegir.
No hay por qué elegir.
– *Me confunde lo que decís, no le encuentro sentido.*
– El sin sentido es el sentido de la vida y del auto conocimiento.
El rigpa no tiene sentido. No un sentido lógico.
Descansar en el rigpa es la respuesta a tu pregunta. Sin conceptos. Sin formas.
Todo se diluye en el espacio de la vacuidad y entra en una dimensión donde su valor e importancia son relativos.
– *A veces me cansa tratar de entender todo esto.*
– No, cansate de lo otro. De la confusión del samsara.
Reconocer y sostener la naturaleza de tu mente es lo verdadero.
Permanecé relajado, en paz, sin engancharte con los fenómenos, soltando todo lo conceptual porque no hay nada que entender, no hay nada que explicar.
Si un niño grita, sentí compasión por él y el deseo de que no sufra y encuentre su camino. No sientas pena por vos porque tenés que escucharlo.

27 de diciembre de 2012

– *Últimamente me molestan los ruidos cuando quiero dormir.*
– Los ruidos son molestos cuando ponés tu atención en ellos.
Soltalos, que se diluyan en el espacio que todo lo contiene, el akasha.
– *Fácil decirlo, difícil hacerlo.*
– Todo es fácil cuando lo hacés con simpleza.

25 de abril de 2013

- *¿Cómo pueden los profesionales de la salud ayudar a sus pacientes?*
- Practicando la bodichita[10].
Comprenderlos desde el corazón.
Escucharlos desprovisto de todo. Ser para ellos en ese momento. Comprenderlos profundamente, vibrar con ellos, sin sufrir por sus penas, por supuesto. Lo primero es que no le haga daño al profesional.
Verlos desde el corazón no significa entregarles el corazón.

27 de noviembre de 2013

– *Me gusta aprender cosas nuevas.*
– Hijo mío, amado, siempre aprendiendo y siempre queriendo saber más.
Está bien, pero con paciencia. No tengas prisa por aprender, ya no busques el conocimiento, simplemente relajate y dejá que lo nuevo venga y llegue a vos.
AMOR es la clave en este momento.
Amor incondicional e incondicionado.
Amor puro y simple. Para vos (primero para vos) y para todos los seres por igual.
Ahora cerrá los ojos, inspirá suave y profundo, alimentate con el aire de la vida, escuchá la música, tú música, relajate, danzá y viví. Con amor.
Amor del cuerpo, al cuerpo.
Amor del alma, al alma.
Amor del universo que cubre todo lo que hay.
El tiempo pasa, sí. Gracias a eso nos veremos nuevamente.

---

[10]bodichita: ver página 62.

El mundo gira, sí. Gracias a eso estarás donde yo he estado. El mundo gira y, sin esfuerzo, te llevará a los lugares donde yo estuve antes, y antes estuvieron mis maestros, y el propio Buda y todos los seres iluminados.
Entonces, ya no busques. Permanecé allí, en tu propio lugar, mientras lo que ansiás llega, poco a poco, pero llega.
¿De qué serviría que llegue antes?
¿Para qué quiere un niño (que algún día será ingeniero) recibir los planos del motor de un avión en jardín de infantes?
Todo lo que esperás y querés está llegando y va a llegar más, de a poco, a su debido tiempo.
Te amo como deberías amarte vos y estar en paz.

27 de febrero de 2016

– ¡Qué hermosa es la vida! Cuántas cosas pasan y no dejan de pasar.
¿Hay algo que aprender de lo que no me di cuenta?
– Hay muchas cosas de las que tu razón no se da cuenta.
Y así debe ser.
No hay que comprender todo con la lógica.

Y sí, algo se te está escapando. ¿Y?
Dejá que tu mente no se entere de algunas cosas. No va a pasar nada malo.

Vejez

1 de junio de 2010

– *¿Podés hablar sobre el envejecimiento del cuerpo?*
– No hay que preocuparse por el paso del tiempo y la salud.
Lo que sube baja, lo que nace muere y el tiempo sigue.
El loto nace en el barro, pero es tan hermoso.
El Hombre nace en la tierra y es tan hermoso.
Enfrentar la vida es enfrentar la muerte y enfrentar la muerte es enfrentar la vida.
¿Para qué vivir si tenemos miedo a envejecer?
Envejecer es inevitable, como ir al baño es inevitable, y por eso vamos.
Hay que hacer lo que hay que hacer. Sin temor.
Sin apego. Ir hacia la línea que separa esto de aquello sólo es ir a algún lado, y seguir, nada más.
Y esto termina y comienza aquello.
¿A quién le importa?
¿Por qué el futuro debería ser peor, o mejor?
Qué más da.
Avanzar es inexorable.
Pero ser feliz es optativo.
Envejecer es inexorable.

Ser feliz es posible. Siempre. A cualquier edad, en cualquier circunstancia, con cualquier clima.
Pase lo que pase.
A toda hora podemos sentirnos bien, y seguir.
¿Seguir hacia dónde?
Hacia allá... qué importa dónde.
Pero seguir es inexorable.
Ser feliz es optativo.
Pero posible. Muy posible. Y sencillo si uno quiere ser feliz.
Y podemos ayudar a otros en el camino. Y así ayudarnos a nosotros mismos. Si queremos.

12 de noviembre de 2013

– *Quisiera preguntarte por la vejez, el dolor físico y la muerte.*
– La muerte forma parte de la vida.
La vida es una ilusión y se vive mucho mejor con desapego.
Soltar es la clave.
El dolor físico es difícil de sobrellevar, pero lo mejor es relajarse. Es un remedio natural: relajar la mente y el cuerpo y aceptar las cosas como son con total desapego.
Las limitaciones físicas son diferentes del dolor físico. Se pueden aceptar sin problemas al igual que los cambios que trae la edad, como mayor experiencia y sabiduría.
No viene una cosa sin la otra: algunas limitaciones físicas, más experiencia, más sabiduría. Todo junto.

4 de abril de 2014

– *Me gustaría saber más acerca de la vejez.*
– El cuerpo está envejeciendo, hay que cuidarlo.
Somos amos del cuerpo y su salud.
Todo llega, incluso la muerte y la sabiduría.
Pero mañana no es el día, no hay tiempo para esperar lo que no llega, o llega de cualquier lado o de cualquier manera.
Es bueno el esfuerzo consciente que hacemos para estar bien y aprender.
La felicidad llega. Como llega el viento a las naves que quieren ir, a un lugar, a otro, o a ninguno, porque el lugar es este, siempre este es el lugar donde debemos estar. ¿En qué otro lado podría ser?
Hoy es viernes, el último día de la semana. ¿O termina el domingo?
¿Cómo sabemos cuándo termina la semana?
No sabemos, no lo sabremos nunca, pero es difícil no querer saber, para orientarse y darle un norte a la vida.
Todo está bien, como el pájaro en la montaña, cuando termina el día y vuelve al nido a reposar.

En la mañana canta el ave, porque no tiene otra cosa que hacer.
A la tarde canta el ave, que no quiere nada hacer.
A la noche no canta el ave, que quiere dormir.
Vos, ¿qué tipo de ave sos?
Te dejo esta pregunta, para que vueles y sientas el viento venir. Dejá que el viento traiga la respuesta.

24 de agosto de 2014

- *A medida que pasan los años aparecen limitaciones físicas.*
- Aprendé a calmar el ego y sus deseos, porque no podés hacer cualquier cosa que se te ocurra.
Tus limitaciones son límites, pero también son posibilidades dentro de esos límites.
Sos libre, siempre lo fuiste y siempre hubo y habrá límites, más allá de la salud. Porque la libertad no es ilimitada.
No podés ser mariposa o murciélago y volar de noche.
En cada momento podés lo que podés y así será, a cada instante.
No te preocupes por los límites.
Porque no te encarcelan, sino que te indican tu realidad como ser humano.
Y ser un ser humano es muy bueno.
Seguí disfrutando de este precioso cuerpo humano, con sus características, para vivir y aprender.

Viajes

26 de enero de 2005

- *Estoy ansioso porque me voy de vacaciones. ¿Qué debo hacer?*
- La mente es vacua, la ansiedad es vacua, los pensamientos son vacuos.

23 de febrero de 2005

- *Regresé de vacaciones y no me siento cómodo en la ciudad. ¿Qué actitud debo tomar para adaptarme?*
- No estar pendiente de la cantidad de cosas que salen mal.

11 de febrero de 2011

– Maestro, estoy de vacaciones, este lugar es maravilloso pero me cuesta estar en paz.
– La paz es algo que no viene de afuera. Es interior, poder estar bien con vos mismo.
¿Qué buscás en tus vacaciones?
– Tranquilidad, descanso (le enumero varios objetivos).
– Todo eso es mucho, no podés tener todo a la vez.
¿Por qué no probás con descansar y nada más?
Vos creés que tenés que hacer algo, organizar algo. ¿Para qué?
"Soltar" es la clave, soltar todo y sentirte mejor, más liviano.
– Tal vez la rutina de la playa no es para mí.
– ¿Qué importa la playa o el lugar donde estés?
Se trata de comprenderte, aceptarte.
Conocerte te libera y te hace bien.
No hagas planes. Disfrutá lo que hay.
Si querés leer, mirar el cielo, caminar, hacélo. Si no querés no lo hagas. Disfrutá este momento de libertad interior y exterior.
Hacé punto y aparte. Recomenzá tu estadía y empezá a vivir esta gloriosa oportunidad.
Valorá haberla logrado y relajate mucho, mucho, dejate llevar, tranquilo.
Hablame todas las veces que quieras.
No te exijas meditar.
Estás de vacaciones y vacacionar es tu tarea.
Todo irá bien.

25 de febrero de 2013

- *Maestro, estoy de vacaciones en mi ciudad, descansando muchísimo.*
No sé si irme unos días afuera o seguir descansando aquí.
- Ser feliz no es obligatorio ni un derecho. Es algo que viene con nosotros.
La existencia del Hombre está regida por muchas leyes del universo que, a veces, resulta difícil entender. Pero el Hombre no debe conocer estas reglas para poder vivir, encontrar y conocer su felicidad innata.
¿Qué tenés que hacer para ser feliz? Nada. Aquí, allá, en el mar o la montaña, el lugar no garantiza la felicidad verdadera.
¿Qué tenés que hacer? Sostener la presencia y actuar desde la naturaleza de tu Ser. Sin preguntarte qué hacer, dejás que la vida fluya.
La respuesta es: presencia, sentir "TU base, LA base" y fluir desde allí. Nada más.
El Hombre sabio encuentra las respuestas hasta en las rocas. No duda. Actúa y sigue su camino. Corrige el rumbo todas las veces que haga falta y ya está, no hay más que hacer.
Disfrutá las vacaciones y sé feliz, tu vida está muy bien.

12 de enero de 2015

– *Maestro, ¡me siento tan bien! Pleno, saludable, tranquilo. La paz en mi corazón aumenta. Estoy pensando en viajar. ¿Qué debo hacer?*
– Nada hay que hacer.
Nada hay que lograr.
El nido está vacío cuando el águila parte.
El nido está vació cuando los pichones parten.
¿A dónde van los pichones?

Ellos lo saben.
¿Dónde va el águila?
Ella lo sabe. Qué importa a dónde va.
¿Qué importa? Si querés vas, si no querés, te quedás.

17 de enero de 2015

– Charlar con dos amigos sobre dharma y samsara me hizo muy bien al ver que están en la misma situación que yo, piensan y sienten igual. Tengo muchos deseos de seguir practicando el dharma, ¿debo ir a la India a practicar y estudiar?
– Practicar el dharma es simple pero requiere mucha dedicación.
Simple, pero es difícil mantener la constancia.
Nuestro lado perezoso surge y nos invita a hacer otras cosas y distraernos con el samsara.
Pero así es el ser humano. Vive distraído y buscando nuevas distracciones tratando de satisfacer su deseo eterno.
Deseo sin solución, porque el samsara genera más deseo una y otra vez y es una llama que nunca se consume, nunca acaba.
Qué bueno que tus amigos y vos se dediquen a la práctica del dharma, que utilicen su vida para aprender y mejorar, para ser libres de apegos.
Para eso, no hace falta ir a la India.
Estar acá, estar allá, es igual.
Es una etapa para seguir meditando como lo estás haciendo y profundizar el método y sus logros, sin apego, sin buscar un resultado específico: no te enamores de tus logros y de lo que vas aprendiendo.
La India queda lejos y tu Ser interior está cerca. No hace falta

ir lejos para encontrarlo, pero viajar ayuda en el camino a la iluminación.

Te saludo, buena vida, y buenos viajes.

2 de febrero de 2016

- *Maestro, comienzan las vacaciones y quiero decidir si voy a una casa en las montañas.*
- Qué decidir, no importa.
La puerta ya está abierta para que partas, en cualquier dirección, querido amigo.
No importa dónde vayas, los vientos te llevarán a buen destino y con salud.
- *Quiero ir solo. ¿Encontraré algo especial para mí: meditación, calma, apertura espiritual. Claridad para comprender el momento presente y a dónde debe ir mi vida?*
- Todo eso está allí, en las montañas.
Y aquí, en Buenos Aires...
No es necesario viajar, pero es bueno y saludable hacerlo.
Ve hijo mío, ve en paz a dónde quieras y todo saldrá bien.

Más frases

- En la esencia del Hombre está la esencia de las cosas. Y el Hombre que puede, debe seguir ese camino: buscar, encontrar y seguir su Esencia.

- En la vida cotidiana no hay una verdad única, no busques "hacer lo correcto".

- No te canses de vos mismo ni de los temas que reaparecen. Nunca, nunca seas tu crítico o enemigo.

- El bien es ocuparse de uno mismo sin ser egoísta.

- La vida no es una línea recta ni un camino sinuoso. La vida ES. Como el Ser, que ES.

- Hacé las cosas con amor.

- El río no vuelve para atrás, no retrocede.

- Hay muchas cosas que no podemos manejar y conviene aceptarlo para no sufrir.

- Si una lágrima cae, riega el desierto y el desierto mejora, ya no está seco y nace la vida.

- La comprensión no llega cuando uno no está preparado.

- Estar sano no es ausencia de dolor y malestar.

- Enamorate de la vida y de la gente, tranquilo, sin esperar, sin expectativas.

- Hay que abrirse a lo que sucede, sin buscar, sin hacer algo para lograr algo.

- Nadie está solo. Nunca está verdaderamente solo. La soledad es la soledad existencial del ego y, por lo tanto, es irreal, ilusoria, creada por el ego para confirmar algunas partes de su historia.

- Todo es un proceso que no termina. Nada es estable, nada se detiene.

- La mente siempre se agita, y luego se calma si uno la deja en paz, sin agitarla, sin modificarla, sin tratar de arreglar el mundo externo en la propia mente.

- Estar presente en todo momento, sin expectativas.
Así se vive bien.

- El miedo es vacuo.

- Dejar de pensar es bueno.
No pensar nada es malo.

- Seguí en la búsqueda hasta que reconozcas que no hay nada que buscar.

- Todo llega, incluso la muerte y la sabiduría.

- Dejá que las cosas pasen, que la vida transcurra en paz. No te apegues a cada tramo del camino.

- Avanzar es inexorable.
Pero ser feliz es optativo.
Envejecer es inexorable.
Ser feliz es posible. Siempre.

- Olvidate de estar bien. No pienses que tenés que estar bien.
Y así te sentirás bien.

- La mente es como la lava de un volcán en erupción: cae, arrasa y puede destruir.
Hay que pararla con meditación y presencia.

- Siempre hay algo que aprender para el que quiere saber más.

- La joya que está en el fondo del río, sólo se encuentra lanzándose al agua.

- No te aferres a nada y serás feliz.

Índice

Made in the USA
Columbia, SC
30 June 2025

59966733R00079